Grenzenlose Möglichkeiten?

Bibliografische Information der Deutschen Nationalbibliothek:
Die Deutsche Nationalbibliothek verzeichnet diese Publikation
in der Deutschen Nationalbibliografie; detaillierte bibliografische
Daten sind im Internet über www.dnb.de abrufbar.

Aus Gründen der besseren Übersicht erfolgt im Text keine explizite
Differenzierung zwischen der weiblichen und männlichen Form.

© 2024 Sebastian Lang

Verlag:

BoD · Books on Demand GmbH, In de Tarpen 42,

22848 Norderstedt

Druck:

Libri Plureos GmbH, Friedensallee 273, 22763 Hamburg

ISBN-13: 978-3-7597-2003-0

Grenzenlose Möglichkeiten?

KI im Sport zwischen Innovation, Ethik und Fairness

Sebastian Lang

Inhalt

Verschmelzung von Sport und Künstlicher Intelligenz

Die digitale Revolution hat nahezu alle Bereiche des modernen Lebens durchdrungen. Auch der Sport bildet hier keine Ausnahme. Athleten erfassen mit Fitnesstrackern detaillierte Bewegungsdaten, Trainer nutzen hochentwickelte Software zur Spielanalyse und Sportvereine setzen Algorithmen ein, um potenzielle Verletzungsrisiken zu identifizieren. Dies sind lediglich einige der zahlreichen Anwendungsfelder von Künstlicher Intelligenz im Sport.

Künstliche Intelligenz (KI) und datenbasierte Technologien verändern die Art und Weise, wie wir Sport erleben, verstehen und gestalten – auf allen Ebenen, vom Breitensport bis hin zur absoluten Weltspitze. Die Rolle der Daten wird dabei zunehmend entscheidend. Dies gilt für alle Bereiche, von der Leistungssteigerung über die Prävention von Verletzungen bis hin zur Optimierung von Trainingsprozessen. Eine umfassende Datenbasis ist die Grundlage für tiefe Einblicke und fundierte Entscheidungen. Moderne KI-Anwendungen greifen auf Millionen von Daten zurück, und diese Datenbasis wächst kontinuierlich an.

Um ein Beispiel außerhalb des Sports zu nennen: ChatGPT zählt zweifelsohne zu den bekanntesten KI-Anwendungen. ChatGPT basiert auf einer sogenannten Transformator-Architektur, einer speziellen Deep-Learning-Technik. Diese verarbeitet Terabytes von Daten zu Wörtern, um auf Grundlage dessen Antworten auf Fragen oder Aufforderungen zu generieren, die von einem Benutzer eingegeben werden. Es handelt sich um eine Version der Modelle für maschinelles Lernen zur Verarbeitung natürlicher Sprache, die unter dem Namen "Large Language Models" (LLMs) bekannt ist. Die erste Version des Programms aus dem Jahr 2018 wies bereits eine beachtliche Anzahl von rund 150 Millionen Parametern auf. In der vierten Version des Trainingsdatensatzes ist dies auf beeindruckende 175 Milliarden Parameter und 300 Milliarden Wörter angewachsen. Um Dir eine Vorstellung von der gewaltigen Dimension zu vermitteln, möchte ich folgende Vergleichswerte heranziehen: Die Datenmenge entspricht in etwa der 164.129-fachen Anzahl an Wörtern in der gesamten "Der Herr der Ringe"-Reihe, einschließlich des "Hobbit".

In Bezug auf Anwendungen im Sport ist festzuhalten, dass durch die Kombination von Sensortechnologien, Wearables und digitalen Plattformen täglich Millionen von Datensätzen generiert werden. Erst durch den Einsatz von KI-Methoden kann diese Datenflut effizient genutzt werden. Ohne KI wäre das ein Ding der Unmöglichkeit: Zu groß, zu umfangreich die unglaubliche Menge an Daten! Erst Künstliche Intelligenz ist in der Lage, daraus Muster zu erkennen, Prognosen zu erstellen und Empfehlungen abzuleiten, die für den Athleten von großem Nutzen sind.

Zur Veranschaulichung geb ich Dir ein Beispiel aus dem Laufsport: Sensoren, Fitnessuhren und sogenannte Wearables haben sowohl im Fitness- als auch im Leistungssport Einzug gehalten. Die Geräte sind zu erschwinglichen Preisen erhältlich, verfügen über einen umfangreichen Funktionsumfang und lassen sich intuitiv bedienen. Die integrierten Sensoren erfassen eine Unmenge von Leistungs- und Gesundheitsdaten in Echtzeit. Dazu zählen nicht nur grundlegende Informationen wie Geschwindigkeit und Distanz, sondern auch physiologische Parameter wie die Herzfrequenzvariabilität, die Sauerstoffsättigung im Blut und sogar die Schritttechnik. Die Auswertung der Daten durch KI-gestützte Algorithmen ermöglicht Athleten und Trainern wertvolle Einblicke in den Trainingszustand des Läufers. Angenommen, der Athlet trägt ein solches Wearable über mehrere Wochen hinweg während seiner Trainingseinheiten und Wettkämpfe. Die gesammelten Daten geben Aufschluss über die Reaktion seines Körpers auf verschiedene Belastungen.

Basierend darauf erstellt die KI dann personalisierte Vorschläge hinsichtlich der optimalen Trainingsintensität und -gestaltung. Sinkt zum Beispiel die Herzfrequenzvariabilität über einen bestimmten Zeitraum, was ein Zeichen für körperliche Ermüdung und möglicherweise Übertraining ist, empfiehlt die Anwendung automatisch eine Reduktion des Trainingsvolumens sowie eine Verlängerung der Regenerationsphase. Ein Beispiel ist der Einsatz der KI-basierten Plattform *Whoop*, die speziell auf die Optimierung von Trainingseinheiten durch die Analyse von Schlaf- und Belastungsdaten ausgelegt ist. Die Plattform kombiniert Ruhe- und Belastungsphasen und ermittelt darsus den individuellen Erholungsgrad. So kann sie dem Athleten Empfehlungen geben, wie er sein Training anpassen sollte.

Ein weiterer Vorteil von KI-unterstützten Anwendungen ist die Prävention von Verletzungen. Eine KI-unterstützte Anwendung überprüft, in wie weite es Anzeichen für Überlastung gibt, und schlägt bei Bedarf rechtzeitig Veränderungen im Trainingsplan vor, um das Risiko zu reduzieren.

Wearables und Sensoren helfen also nicht nur dabei, den Gesundheitszustand und die Leistungsentwicklung zu überwachen, dank KI können auch maßgeschneiderte Trainingspläne erstellt werden, die über standardisierte Empfehlungen weit hinausgehen. Das kommt einer langfristigen Leistungsentwicklung zugute.

Die Anwendungsfelder von KI im Sport sind umfangreich!

Vereine und Teams können neue Wege gehen, um ihre Leistung zu analysieren und junge Talente langfristig zu fördern. Sie können von KI profitieren, indem sie die Leistungsanalyse im Team verbessern und gezielt Talente fördern.

Der Einsatz von Hightech-Materialien im Wettkampf ist mittlerweile ein fester Bestandteil vieler Sportarten. Teams und Sportler investieren enorme Ressourcen in Forschung und Entwicklung, um sich durch technologische Fortschritte Wettbewerbsvorteile zu verschaffen. Durch Fallstudien und Erfahrungsberichte erfolgreicher Athleten und Teams wird deutlich, wie KI-optimierte Technologien und Materialien zu messbaren Leistungsverbesserungen führen.

KI kann dabei unterstützen, um Zuschauer von Sportveranstaltungen besser zu verstehen und mit ihnen zu interagieren. Die umfasst sowohl das Marketing als auch den langfrieigen Aufbau einer treuen Fan-Gemeinschaft. Mit Hilfe von KI kann man jetzt schon ziemlich gut vorhersagen, wie sich Zuschauer verhalten und was sie wollen.

Aber natürlich muss man auch kritisch hinterfragen:

Wo bleibt der Datenschutz?

Welche Rolle spielen Eigenwahrnehmung und -kontrolle des Athleten und Intuition des Trainers noch?

Welche Gefahren bestehen für die Privatsphäre von Sportlern wie Zuschauern?

Und wie sieht es mit der Datenethik aus?

KI im Sport bietet viele Möglichkeiten! Leistungen können quasi beliebig analysiert und optimiert werden .Aber eins ist auch klar: KI ist nicht das seligmachende Allheilmittel!

In diesem Buch wollen wir auch eine Diskussion über die Abhängigkeit von KI und die Gefahr einer Übertechnisierung anregen! Den Wert von menschlicher Intuition und Erfahrung in einer zunehmend datenorientierten Welt im Auge behalten. Das Ziel sollte ein gesunder Maßstab an Technologieeinsatz im Sport sein, ohne zu viel an Eigenverantwortung von Athlet und Trainer zu nehmen!

Was ist Künstliche Intelligenz? Definition und Abgrenzung

Um die Rolle der KI im Sport angemessen beurteilen zu können, sollte man sich mit den grundlegenden Konzepten der Künstlichen Intelligenz vertraut machen. Eine Abgrenzung unterschiedlicher Begriffe, Daten und Algorithmen hilft, um ein besseres Verständnis dafür zu erlangen, wie jede dieser Technologien und Konzepte den Sport mitsamt dem Umfeld beeinflusst und verändert.

Was verbirgt sich hinter Begriffen wie "neuronale Netze", "maschinelles Lernen" und "Deep Learning"? Die Konzepte und Anwendungen mögen auf den ersten Blick sehr komplex erscheinen, bei näherer Betrachtung wird sehr schnell deutlich, dass sie das Potenzial haben, den Sport grundlegend zu verändern.

Künstliche Intelligenz (KI) bezeichnet die Fähigkeit von Maschinen und Computern, Aufgaben zu bewältigen, die normalerweise menschliche Intelligenz erfordern. Dies umfasst die Erkennung von Mustern, die Entscheidungsfindung sowie die Lösung komplexer Probleme. KI-Anwendungen decken eine breite Funktionspalette ab, von der Diagnostik der Leistung einzelner Athleten, über die Planung von Spielstrategien in Teamsportarten, bis hin zur Auswertung von Fan-Interaktionen bei Sportevents. Oder die Technologie- und Materialentwicklung, oder ..... Der Fantasie sind fast keine Grenzen gesetzt. Wir können nur erahnen wohin sich KI im Sport weiterentwickeln wird.

Der Begriff KI wurde erstmals in den 1950er Jahren geprägt, doch erst die technologischen Fortschritte der letzten zwei Jahrzehnte haben Künstliche Intelligenz zur Alltagstechnologie gemacht – ob in der Freizeit, im

Gesundheitswesen, in der Industrie oder eben auch im Sport. KI-Systeme basieren auf Algorithmen, also genau definierten Handlungsanweisungen, die festlegen, wie eine Maschine bestimmte Daten verarbeiten und darauf reagieren soll.

Im Sport wird KI vor allem dazu eingesetzt, um Trainer, Sportler und Teams bei der Entscheidungsfindung zu unterstützen. Dies erfolgt zum Beispiel durch die Verarbeitung von physiologischen und Bewegungsdaten, die Simulation von Spielzügen oder die Vorhersage von Gegnerstrategien. Die Fähigkeit, große Datenmengen in Echtzeit zu verarbeiten, macht KI zu einem wertvollen Instrument für die Analyse von sportlicher Leistung oder auch Fan-Interaktionen. Der Einsatz dieser Technologien wird jedoch erst durch Anwendungen mit maschinellem Lernen und neuronalen Netzen wirklich sinnvoll.

Was sind neuronale Netze und wie werden sie im Sport angewendet?

Neuronale Netze sind das Herzstück vieler moderner KI-Anwendungen und haben sich als unverzichtbares Werkzeug in der Datenanalyse und Entscheidungsfindung erwiesen. Die Funktion neuronaler Netze basiert auf dem Aufbau des menschlichen Gehirns. Neuronale Netze bestehen aus einer großen Anzahl künstlicher "Neuronen", die in mehreren Schichten organisiert sind. Jedes Neuron in einem solchen Netz fungiert als kleiner Rechenknoten, der Eingaben verarbeitet und Ergebnisse weitergibt. Dies erfolgt in ähnlicher Weise wie bei Nervenzellen im Gehirn, die Informationen empfangen, verarbeiten und weiterleiten. Die tiefgehende Analyse von Daten und die Erkennung komplexer Muster sind entscheidende Vorteile von neuronalen Netzen im Vergleich zu herkömmlichen Algorithmen.

Ein neuronales Netz verarbeitet Informationen Schicht für Schicht. Eine einfache Architektur besteht aus mindestens drei Schichten: Einer Eingabeschicht, mehreren versteckten Schichten und einer Ausgabeschicht. Die Eingabeschicht nimmt die rohen Daten auf, beispielsweise Informationen über die Bewegungsabläufe eines Sportlers. Im Anschluss werden die Daten durch die versteckten Schichten des Netzes geleitet, wo das eigentliche "Lernen" stattfindet. Die einzelnen Schichten der versteckten Neuronen sind jeweils in der Lage, bestimmte Merkmale der Daten zu erkennen und weiter zu verarbeiten. Dabei taucht jede Schicht tiefer in die Datenanalyse ein. Die Ausgabeschicht liefert schließlich das Ergebnis des Netzes, beispielsweise eine Vorhersage oder eine Klassifizierung.

Ein wesentlicher Mechanismus innerhalb dieser Schichten ist das sogenannte "Gewichten" der Verbindungen. Jedes Neuron einer Schicht ist mit Neuronen der nächsten Schicht verbunden. Die Stärke dieser Verbindungen wird durch die jeweiligen Gewichte repräsentiert. Im Rahmen des Trainingsprozesses werden diese angepasst und optimiert, sodass das neuronale Netz die Fähigkeit erlangt, auf spezifische Eingaben in optimaler Weise zu reagieren. Durch wiederholtes Training an Beispieldaten erlernt ein Netzwerk, welche Merkmale für die Lösung eines bestimmten Problems besonders relevant sind. So kann das neuronale Netz beispielsweise in einer Bewegungsanalyse lernen, dass für einen Läufer die Neigung des Oberkörpers oder der Winkel im Kniegelenk wichtige Indikatoren für die Effizienz und Sicherheit seiner Bewegung sind.

Die Verwendung neuronaler Netze in der Sportanalyse bietet große Vorteile, insbesondere aufgrund ihrer Fähigkeit zur Verarbeitung großer Datenmengen in komplexen Zusammenhängen. Im Bereich der Bewegungsanalyse werden neuronale Netze häufig eingesetzt, um spezifische Bewegungsmuster von Athleten zu erkennen und zu analysieren. Nehmen wir als Beispiel einen Marathonläufer, dessen Bewegungsabläufe aufgezeichnet und in das Netzwerk eingespeist werden. Ein gut trainiertes neuronales Netz ist in der Lage, die Daten so zu verarbeiten, dass Schwächen im Laufstil oder ineffiziente Bewegungsmuster aufgespürt werden können. Die Musteranalyse ermöglicht, dass feine Nuancen in der Bewegung erkannt werden, die für die Optimierung der Lauftechnik oder die Verletzungsprävention wichtig sind. Ein neuronales Netz kann beispielsweise analysieren, ob die Schrittfrequenz des Läufers optimal ist oder ob es Tendenzen zu belastenden Bewegungen gibt, die möglicherweise langfristig zu Überlastungen oder Verletzungen führen könnten.

In Sportarten wie Fußball, Basketball oder Tennis werden neuronale Netze eingesetzt, um Videomaterial von Spielen zu analysieren und Muster zu erkennen, die für das Verständnis der Taktik oder Strategie eines Teams von Bedeutung sind.

Die Bedeutung neuronaler Netze im Sport ist jedoch weitaus größer als die reine Bewegungs- und Taktikanalyse. Man verwendet sie in vielen Bereichen der Sportwissenschaft und im Athletiktraining, beispielsweise zur Auswertung physiologischer Daten oder zur Vorhersage der Leistungsentwicklung. Ein wesentlicher Vorteil im Vergleich zu traditionellen Analysemethoden besteht in ihrer Fähigkeit, Daten eigenständig zu lernen und sich kontinuierlich zu verbessern. Im Gegensatz zu klassischen Methoden, bei denen Regeln und Schwellenwerten manuel und statisch festgelegt sind, können neuronale Netze durch maschinelles Lernen selbstständig Regeln ableiten. Ein neuronales Netz lernt anhand von Beispieldaten und passt seine internen Gewichte so lange an, bis es in der Lage ist, die gestellten Aufgaben mit hoher Genauigkeit zu bewältigen. Dies bedeutet, dass die Analyse weniger anfällig für menschliche Vorurteile oder Fehler ist und stattdessen auf reinen Daten und Statistiken basiert.

Dennoch gilt es Einschränkungen zu berücksichtigen, die mit neuronalen Netzen verbunden sind. Der Trainingsprozess ist in der Regel sehr aufwendig und datenintensiv. Um ein Netzwerk ausreichend zu trainieren, sind enorme Mengen an qualitativ hochwertigen Daten erforderlich. Dies kann im Sport eine Herausforderung darstellen, da bestimmte Bewegungsmuster oder Spielsituationen nicht in großer Häufigkeit vorkommen. Ein weiteres Thema ist die Transparenz von neuronalen Netzen. Sie werden oft als "Black Box" bezeichnet, da es für Menschen schwierig ist, genau nachzuvollziehen, wie sie zu einer bestimmten Entscheidung gelangen. Dies stellt insbesondere im Sport eine Herausforderung dar, da dort ein umfassendes Verständnis der Entscheidungsprozesse von Trainern und Athleten angestrebt wird. Um dieses Problem anzugehen, entwickeln Forscher derzeit "erklärbare KI"-Methoden, die es ermöglichen, die internen Prozesse der Netze besser zu verstehen.

Es ist davon auszugehen, dass die Bedeutung neuronaler Netze im Sport in Zukunft weiter zunehmen wird. Die Fortschritte in der Rechenleistung und in der Technologie des maschinellen Lernens ermöglichen die Entwicklung immer komplexerer Modelle, die mit noch größeren und vielfältigeren Datensätzen umgehen können. Ein Bereich mit großem Zukunftspotenzial ist die Echtzeitanalyse. Durch die Kombination neuronaler Netze mit schneller Sensorik und tragbarer Technologie können Trainer und Athleten noch während des Trainings oder Wettkampfs umfassende Rückmeldungen über die Leistung erhalten. Diese Entwicklungen eröffnen die Möglichkeit, Bewegungen oder Taktiken unmittelbar anzupassen.

Neuronale Netze haben sich zu einer unverzichtbaren Technologie im modernen Sport entwickelt. Sie analysieren Bewegungen, erkennen Taktikmuster, erfassen physiologische Daten und bieten tiefgehende Einblicke in die Leistungsentwicklung und das Verhalten von Sportlern. In einer Welt, in der Daten zur wertvollen Ressource geworden sind, stellen sie ein leistungsstarkes Werkzeug dar, um diese Daten zu verstehen und in Wissen umzuwandeln. Sie erweitern die menschliche Intuition und Erfahrung um eine bisher ungeahnte Präzision und Tiefe der Analyse. In Kombination mit den kreativen und strategischen Fähigkeiten von Trainern und Sportwissenschaftlern entsteht ein leistungsstarkes Team aus Mensch und Maschine, das die Erfolgschancen auf ein neues Niveau hebt.

Maschinelles Lernen und Deep Learning: Was bedeuten diese Begriffe?

In Verbindung mit KI hört man häufig die Begriffe maschinelles Lernen (ML) und Deep Learning. Beide bezeichnen Technologien, die auf neuronalen Netzen basieren, jedoch unterschiedliche Methoden und Komplexitätsgrade aufweisen.

Maschinelles Lernen (ML) ist ein Teilgebiet der KI. Es bezeichnet den Prozess, durch den Maschinen Muster und Zusammenhänge in Daten erlernen können. Ein ML-Algorithmus wird dabei nicht explizit für eine Aufgabe programmiert, sondern erlernt anhand von Beispieldaten. ML lässt sich mit dem Lernen eines Menschen vergleichen, der durch Übung und Erfahrung besser wird. Im Gegensatz zu klassischen, regelbasierten Systemen, die genaue Handlungsanweisungen benötigen, passen sich die Algorithmen flexibel an neue Daten an und können ihre Leistung mit der Zeit verbessern.

Ein Beispiel für maschinelles Lernen im Sport ist die personalisierte Trainingsanalyse. Daten zu Geschwindigkeit, Herzfrequenz, Muskelaktivität und weiteren Leistungsfaktoren, die während des Trainings erfasst werden, werden durch einen ML-Algorithmus verarbeitet. Die KI-unterstützte Anwendung identifiziert Muster im Leistungsniveau des Athleten und lernt daraus, wie die Trainingsbelastung gestaltet werden sollte, um Überlastung zu vermeiden und optimale Fortschritte zu erzielen. Bei einem rein regelbasierten System wäre eine solche dynamische Anpassung des Trainingsprogramms nur begrenzt möglich, da solche Systeme nicht auf individuelle Entwicklungen und kurzfristige Veränderungen im Leistungszustand eingehen können.

Deep Learning (DL) ist ein Teilbereich des maschinellen Lernens, bei dem besonders tiefe neuronale Netze eingesetzt werden. Sie bestehen aus zahlreichen Schichten, wodurch eine besonders hohe Komplexität bei der Mustererkennung gewährleistet wird. Im Gegensatz zu herkömmlichem maschinellen Lernen, bei dem oft manuell festgelegt wird, welche Merkmale der Algorithmus beachten soll, können Deep-Learning-Systeme selbstständig aus Rohdaten lernen und dabei oft neu überraschende Muster erkennen.

Im Sport wird Deep Learning insbesondere bei der Bilderkennung und Videoanalyse angewendet. Ein Deep-Learning-System ist in der Lage, aus Spielaufzeichnungen Bewegungsmustern automatisch zu erkennen und daraus Taktikmaßnahmen abzuleiten. Dies kann beispielsweise das Passspiel im Basketball oder das Laufverhalten eines Fußballers sein. Deep Learning ist in der Lage, selbst kleinste Bewegungsdetails und komplexe Bewegungsmuster zu erkennen, die für das menschliche Auge schwer oder gar nicht sichtbar sind. Das Verständnis der Bewegungsdynamik eröffnet die Möglichkeit, die Technik von Athleten zu optimieren und potenzielle Verletzungsrisiken frühzeitig zu erkennen.

Obwohl neuronale Netze, maschinelles Lernen und Deep Learning im Sport bemerkenswerte Erfolge erzielen, gilt es, auch die damit verbundenen Herausforderungen und Grenzen zu berücksichtigen. Eine der größten Herausforderungen ist die Abhängigkeit von großen Mengen an qualitativ hochwertigen Daten. Ein Modell zu erstellen, das in der Praxis eingesetzt werden kann, ist nur möglich, wenn eine große Datengrundlage zur Verfügung steht, die die vielfältigen Szenarien abbildet, die in der Realität auftreten.

Ein weiteres Problem stellt die mangelnde Transparenz von Deep-Learning-Modellen dar. Das heißt, die internen Entscheidungsprozesse sind oft nicht nachvollziehbar, für Trainer und Sportwissenschaftler ist es daher mitunter schwierig, die Empfehlungen eines KI-Systems richtig zu interpretieren.

Wandel des Trainings - Personalisierte Trainingsprogramme

In den vergangenen Jahren hat die Trainingsplanung und -steuerung durch die Integration moderner Technologien eine grundlegende Transformation erfahren. Künstliche Intelligenz (KI) spielt dabei eine zunehmend zentrale Rolle, gerade bei der Individualisierung von Trainingsprogrammen.

Traditionelle Trainingsmethoden basieren häufig auf standardisierten Programmen und allgemeinen Leistungswerten, die meist für größere Gruppen konzipiert sind. Die Herausforderung besteht aber darin, dass jeder Athlet einzigartig ist und ein individuelles Trainingsprogramm benötigt. Dies bezieht sich auf das Fitnessniveau, die Art und Weise, wie der Körper auf Belastungen reagiert, die individuellen Erholungsbedürfnisse sowie die mentalen Voraussetzungen. Diese Vielfalt erfordert ein hochgradig individualisiertes Training. Nur so lassen sich optimale Ergebnisse erzielen und das Verletzungsrisiko minimieren. An dieser Stelle kommt Künstliche Intelligenz zum Einsatz. Anwendungen entwickeln personalisierte Trainingsprogramme, die sich dynamisch an die spezifischen Bedürfnisse und den Fortschritt jedes einzelnen Sportlers anpassen. Denn es zeigt sich immer wieder, dass die Effektivität eines Trainings stark von der Individualität eines Athleten abhängig ist. Traditionelle Trainingsprogramm setzten voraus, dass Athleten eine durchschnittliche Anpassungsfähigkeit und Leistungsentwicklung aufweisen. Das ist in den seltensten Fällen auch wirklich so. Die Programme sind in der Regel statisch, was bedeutet, dass sie nicht in Echtzeit auf den aktuellen Zustand oder Fortschritt des Sportlers reagieren können.

Ein Beispiel wäre ein Lauftraining für Einsteiger und Fortgeschrittene in einer gemischten Gruppe. Ein typisches Szenario in einem traditionellen Lauftreff. Das Trainingsprogramm orientiert sich in der Regel an allgemeinen Leitlinien, die von großen Sportverbänden oder Fitnessorganisationen herausgegeben werden. Einsteiger sollen beispielsweise drei Mal pro Woche 30 Minuten joggen, während für Fortgeschrittene vier bis fünf Einheiten von jeweils 45 bis 60 Minuten empfohlen werden. Diese Vorgaben sind jedoch nicht für alle Läufer gleichermaßen geeignet. Für manche sind sie zu anspruchsvoll, andere wiederum forden sie nicht genug. Unterschiedliche Faktoren wie das Alter, das individuelle Fitnesslevel, eventuelle Vorerkrankungen oder die allgemeine Belastbarkeit des Einzelnen werden nicht berücksichtigt. Das für die Gruppe festgelegte Tempo ist für den Einen zu schnell, für den Nächsten zu langsam. Ebenso kann die wöchentliche Laufdauer für manche eine Überlastung bedeuten, während sie anderen zu wenig Fortschritt bringt.

Das Problem besteht darin, dass jeder Körper anders auf Belastungen reagiert und eine eigene, spezifische Balance zwischen Training und Erholung benötigt. Auch genetische Unterschiede, die sich in der Muskelzusammensetzung, der Belastungsverarbeitung oder der maximalen Sauerstoffaufnahme widerspiegeln, beeinflussen die Effektivität eines Trainings und die Wahl der geeigneten Methoden. Eine unzureichende Individualisierung birgt das Risiko von Überlastungen und Verletzungen, da die Balance zwischen Belastung und Regeneration schwer zu treffen ist. Um die Problematik zu veranschaulichen, betrachten wir ein standardisiertes Lauftraining für eine Gruppe von ambitionierten Freizeitläufern. Das Programm basiert auf einem festen Plan, der eine Kombination aus Grundlagenausdauerläufen, Intervalltraining und langen Läufen vorsieht. Ein wöchentlicher Trainingsplan könnte in etwa wie folgt aussehen:

- Montag: Erholungslauf, 45 Minuten im Grundlagenausdauerbereich

- Mittwoch: Intervalltraining, 10 x 400 Meter mit jeweils 1 Minute Pause

- Freitag: Tempodauerlauf, 40 Minuten im Schwellenbereich

- Sonntag: Langer Lauf, 90 Minuten im niedrigen Intensitätsbereich

Das Training erscheint zunächst eunmal ausgewogen, birgt jedoch einige Herausforderungen und Einschränkungen in sich. Es besteht die Möglichkeit, dass einige Läufer im Training schneller Fortschritte machen und Umfänge und Intensität bald steigern könnten, während andere Schwierigkeiten haben, das vorgegebene Pensum zu bewältigen. Ein Läufer mit schlechter Regenerationsfähigkeit wird durch das intensive Intervalltraining eventuell überlastet, während ein anderer mit höherer Belastbarkeit ein intensives Training benötigt, um weitere Fortschritte zu erzielen. Diese Unterschiede resultieren in einer Überlastung einiger Läufer, während andere ihr Potenzial nicht voll ausschöpfen können. Damit besteht auch die Gefahr, dass Läufer, die das Programm als zu anspruchsvoll empfinden, demotiviert werden oder sogar Verletzungen erleiden, während diejenigen, die mehr leisten könnten, nicht genügend stimuliert werden und ihre Leistung stagniert. Auch für sie ist das natürlich der Motivation abträglich! Was also tun? Die Lösung des Problems kann ein KI-unterstützes individualtisierts Trainingsprogramm darstellen, das jeden Läufer auf seinem persönlichen Niveau „abholt"!

Individualisierte Trainingsprogramme

Die Möglichkeiten, die sich durch den Einsatz künstlicher Intelligenz in der Gestaltung von Trainingsprogrammen eröffnen, sind groß. KI-gestützte Trainingssteuerung zielt darauf ab, die spezifischen Bedürfnisse, das Leistungsniveau und die Fortschritte eines jeden Sportlers präzise zu erfassen und darauf abgestimmt das Training zu steuern. Im Gegensatz zu herkömmlichen Programmen, welche auf einem festen Plan basieren, ermöglicht ein KI-unterstütztes Trainingssystem eine Anpassung des täglichen Trainings anhand von Echtzeitdaten. Sensoren und Tracker erfassen verschiedene Parameter wie Herzfrequenz, Geschwindigkeit, Schrittfrequenz, Belastungssymptome oder den Regenerationszustand. Die Auswertung dieser Informationen erfolgt über eine Anwendung mit Hilfe maschinellen Lernens und der Athlet kann mit seinem Trainingsprogramm schnell und einfach darauf reagieren.

Angenommen, ein Freizeitläufer, der sich auf einen Halbmarathon vorbereitet, entscheidet sich für ein KI-gestütztes Trainingsprogramm. Der Athlet trägt einen Fitness-Tracker, der mit einer App verbunden ist, welche durch KI-Algorithmen gesteuert wird. Der Ablauf eines personalisierten Trainingsplans sieht dann wie folgt aus:

1. **Initiale Leistungsdiagnostik**: Der Läufer beginnt mit einer Leistungsdiagnostik, die Informationen wie Ruhepuls, maximale Herzfrequenz, Sauerstoffaufnahmefähigkeit (VO2max) und individuelle Schwellenwerte für die Trainingsbereiche ermittelt. Die KI analysiert diese Daten und bestimmt die optimalen Trainingsbereiche für verschiedene Einheiten, z. B. für Grundlagenausdauer, Intervalltraining und Tempodauerläufe.

2. **Tägliche Anpassung basierend auf dem Erholungszustand**: An jedem Trainingstag misst der Athlet über seine Fitnessuhr seinen Ruhepulses sowie und seine Herzfrequenzvariabilität (HRV). Diese Parameter dienen als Indikator für den Erholungszustand. Bei einer niedrigen HRV, die auf Ermüdung oder Stress hindeutet, empfiehlt die KI an diesem Tag eine regenerative Einheit oder eine Reduktion der Trainingsintensität. Bei einer ausgeglichenen HRV kann er sein „normales" Programm abspulen.

3. **Analyse der Laufdaten in Echtzeit**: Während des Trainings

überwacht die KI Geschwindigkeit, Schrittfrequenz und Herzfrequenz des Läufers. Falls die Herzfrequenz während eines Intervalltrainings zu stark ansteigt, gibt die Uhr ein Warnsignal, das Programm schlägt eine Anpassung der Intensität vor. Die KI kann auch erkennen, wenn die Schrittfrequenz des Läufers in einem ineffizienten Bereich liegt, und ihm Rückmeldung geben, um sie zu erhöhen.

4. **Langfristige Planung und Progression**: Die KI-unterstützes Programm analysiert die Leistungsentwicklung über Wochen hinweg und passt Trainingsintensität und Volumen bei Bedarf an. Läufer, die schnell Fortschritte machen, erhalten intensive Trainingsreize, während diejenigen, die langsamer Fortschritte machen oder Regenerationsdefizite zeigen, ein moderateres Programm erhalten. Auf Basis der Laufhistorie und der aktuellen Daten kann die KI den Trainingsplan dynamisch anpassen, um Überlastung zu verhindern und gleichzeitig die optimale Leistung zu fördern. Alles im Sinne einer langfristigen Leistungsentwicklung.

5. **Verletzungsprävention durch Bewegungsanalyse**: Der Fitness-Tracker erfasst zusätzlich Bewegungsdaten, z. B. über die Schrittlänge, den Bodenkontaktwinkel und die Schrittdynamik. Falls die KI Veränderungen in der Lauftechnik erkennt, die auf eine drohende Überlastung hindeuten könnten – etwa ein zu hoher Fersenaufsatz oder eine ungleichmäßige Belastung –, gibt sie dem Athleten präventive Empfehlungen. Beispielsweise könnte sie vorschlagen, die Schrittlänge zu verkürzen oder die Kadenz zu erhöhen, um die Belastung auf Gelenke und Muskulatur zu reduzieren.

Durch das individualisierte und personalisierte Training macht der Athlet optimale Fortschritte, vermeidet Verletzungen und Überlastungen und steht optimal vorbereitet an der Startlinie seines nächsten Wettkampfes!

Ein weiteres Beispiel ist das individualisierte Athletiktraining. Auch hier bietet KI ganz neue Möglichkeiten, das Training wesentlich gezielter zu gestalten. KI-Anwendungen unterstützen die Analyse von Bewegungsmustern, was insbesondere in Sportarten wichtig ist, bei denen Kraft, Schnelligkeit und Beweglichkeit eine zentrale Rolle spielen. Ein KI-gestütztes Athletiktraining bietet Athleten und Trainern wertvolle Einblicke in Leistungsparameter, die sonst nur schwer messbar wären. Auf dieser Grundlage ist eine gezielte Anpassung des Trainings möglich.

Am Beginn des Trainingsprogramms wird der Athleten mit Sensoren und Wearables wie Fitnesstracker oder Smartwatch ausgestatet. Sie erfassen verschiedene biometrische und physiologische Daten. Zum Beispiel die Herzfrequenz, den Kalorienverbrauch, die Bewegungsdynamik (Schrittfrequenz, Sprunghöhe, Bodenkontaktzeit) sowie die muskuläre Belastung. Des Weiteren besteht die Möglichkeit, dass der Athlete zusätzlich mit Bewegungssensoren bestückt wird. Sie werden an Gelenken oder am Rumpf angebracht und zeichen Bewegungsdaten auf.

Die Daten werden in Echtzeit oder nach dem Training an eine KI-Plattform übermittelt, die speziell für die Bewegungsanalyse ausgelegt ist. Sie verarbeitet die biomechanischen Daten und identifiziert Bewegungsmuster sowie potenzielle muskuläre Ungleichgewichte oder ineffiziente Bewegungsabläufe. Das Programm könnte beispielsweise feststellen, dass bei Kniebeugen das rechte Bein eine höhere Belastung trägt als das linke, was auf eine muskuläre Asymmetrie hindeutet. Auf dieser Basis erstellt die Anwendung dann individuelle Trainingsvorgaben, die auf die spezifischen Bedürfnisse des Athleten zugeschnitten sind. Soll ein Athlet seine Schnellkraft im Unterkörper verbessern, um seine Leistungsfähigkeit im Sprint- oder Sprungtraining zu steigern, definiert das Programm dazu passende konkrete Trainingseinheiten, beispielsweise in Form von wöchentlichem Kraft- und Schnelligkeitstraining mit einer spezifischen Wiederholungszahl und Vorgaben für die ideale Belastungsintensität.

Die Trainingsplattform nutzt Daten aus dem täglichen Training, um die Einheiten flexibel zu gestalten. Die Entscheidung, ob der Athlet eine intensivere Einheit absolvieren sollte oder lieber eine regenerative Einheit, basiert auf dessen Ermüdungsgrad und seines aktuellen Leistungsniveau. Sofern die Muskelerholung noch nicht ausreichend ist, empfiehlt das Programm ein leichtes Mobility- oder Flexibilitätstraining anstelle eines Krafttrainings. Im Gegenzug könnte das Programm bei einem erholten Athleten den Fokus auf Schnellkraftübungen wie z.B. Sprünge oder Plyometrie legen. Die direkte Rückmeldung während der Trainingseinheiten erfolgt über eine App oder ein verbundenes Gerät. Bei Bewegungsübungen wie Sprüngen oder Kniebeugen kann das Programm Empfehlungen zur Haltung und Technik geben. Bei einer Abweichung von der korrekten Knieposition bei Kniebeugen, wie einer Innenrotoation, greift es ein und gibt eine entsprechende Rückmeldung zur Korrektur. Dadurch wird eine durchgängige Technikprüfung möglich, die bei regulärem Training nur schwer zu berwerkstelligen ist.

Sämtliche Trainingsdaten werden gespeichert und können für weitere Datenanalysen und Empfehlungen bereitgestellt werden. Das Programm erstellt ein umfassendes Leistungsprofil des Athleten. Das bilden eine wertvolle Grundlage für das Erkennen von Trends und Mustern. Beispielsweise, dass der Athlet über mehrere Wochen hinweg Fortschritte in seiner Schnellkraft in den Beinen erzielt, während die Kraft im Oberkörper relativ stabil bleibt. Anschließend passt die KI das Trainingsprogramm an und unterbreitet Vorschläge für zusätzliche Einheiten, um ein ausgewogenes Leistungsniveau zu gewährleisten. Der Athlet erkennt, wann es notwendig ist, neue Reize zu setzen, um Leistungsplateaus zu durchbrechen, oder wann es besser ist, das Training auf Erhaltung und Stabilität zu fokussieren, um eine Überlastung zu vermeiden.

Im Anschluss an jeden Trainingsblock, der in einem Rhythmus von vier bis sechs Wochen erfolgt, generiert die KI eine detaillierte Leistungsübersicht. Auf dieser Basis erfolgt dann eine entsprechende Anpassung der Trainingsziele sowie eine Neudefinition von Schwerpunkten. Das

System könnte etwa eine Intensivierung des Schnellkrafttrainings oder eine weitere Förderung der Beweglichkeit empfehlen, sofern dies für die sportliche Entwicklung des Athleten relevant ist. Die dynamische Anpassung der Trainingsinhalte an die individuelle Tagesform und langfristige Ziele ermöglicht Athleten eine kontinuierliche, gezielte Entwicklung und fördert nachhaltige Leistungsfortschritte.

KI-gestütztes Training liefert somit eine Vielzahl von Vorteilen gegenüber traditionellen Trainingsplänen:

- **Präzisere Trainingssteuerung**: Echtzeitdaten und die Möglichhkeit, das Training täglich an die Bedürfnisse des Athleten anzupassen, erhöhen die Effizienz des Trainings.

- **Optimierte Erholung und Verletzungsprävention**: Durch die Analyse des Regenerationszustands und die Berücksichtigung von Überlastungsmustern sinkt das Risiko von Verletzungen.

- **Langfristige Progression**: Die KI kann anhand der individuellen Leistungsdaten langfristige Pläne erstellen, die sich dynamisch an den Athleten anpassen und so die kontinuierliche Leistungssteigerung unterstützen.

- **Effektives Feedback und Technikoptimierung**: KI erkennt ineffiziente Bewegungsmuster und Abweichungen von der korrekten Übungsausführung und bietet in Echtzeit gezielte Verbesserungsvorschläge.

Die Anwendung künstlicher Intelligenz in der Trainingsplanung und -steuerung eröffnet im Vergleich zu traditionellen Methoden ein erweitertes Spektrum an Möglichkeiten, welches eine innovative Lösung darstellt. Sie berücksichtigt die individuellen Bedürfnisse des Athleten und ermöglicht eine optimale Individualisierung des Trainings.

Individualisierte Erholungs- und Belastungssteuerung

Zu eine der bemerkenswertesten Entwicklungen zählt zweifelsohne die Fähigkeit von KI-Systemen, auf den aktuellen Erholungs- und Belastungszustand des Athleten einzugehen. Dies impliziert, dass das Training nicht länger rigide gemäß eines vorgegebenen Plans erfolgt, sondern sich in dynamischer Weise an die aktuelle Tagesform des Sportlers anpassen kann. Beispielsweise wird bei einer hohen Restermüdung aus dem letzten Training der Plan derart angepasst, dass weniger intensive Einheiten folgen, welche die Erholung unterstützen. Gleichzeitig wird das System bei einer Leistungssteigerung oder einer verbesserten Regeneration die Intensität oder den Umfang des Trainings erhöhen, um weitere Fortschritte zu generieren. Diese Flexibilität gewährleistet, dass das Training stets die optimale Balance zwischen Belastung und Erholung findet.

Um die Rolle der KI in der Anpassung des Trainings zu verstehen, ist eine detaillierte Betrachtung des traditionellen Vorgehens und der damit verbundenen Herausforderungen ganz nützlich. Im Folgenden zeigen wir auf, wie KI-gestützte Systeme diesen Prozess optimieren können und welche Vorteile für Athleten und Trainer daraus resultieren.

Im traditionellen Trainingsprozess wird das Training häufig auf Basis allgemeiner Belastungsempfehlungen gesteuert. Trainer und Sportwissenschaftler beobachten die Athleten und deren Befinden regelmäßig und passen Einheiten bei Bedarf an. Am Anfang eines Trainingszyklus, etwa zu Saisonbeginn oder nach einer Verletzungspause, erstellt der Trainer einen Plan, an dem man sich in der Regel über mehrere Wochen oder Monate orientiert. Diese Pläne basieren auf langjähriger Erfahrung und werden nach wissenschaftlichen Erkenntnissen aufgebaut. Dabei finden klassische Prinzipien der Trainingslehre, wie beispielsweise die Periodisierung und progressive Steigerung der Belastung, zentrale Beachtung. Was oft zu kurz kommt ist das Prinzip der Individualisierung. Während der Trainingsperiode werden Anpassungen in der Regel nur dann vorgenommen, wenn es eindeutige Anzeichen für eine Überlastung oder Erschöpfung gibt oder wenn sich der Athlet verletzt oder krank ist. Eine

Feinabstimmung auf die Tagesform oder den momentanen Regenerationsstatus ist schwierig und erfordert einen erheblichen Aufwand.

Die Befindlichkeit des Athleten wird häufig aufgrund subjektiver Angaben wie das "Gefühl" des Athleten oder die Erfahrung des Trainers beurteilt. Ein Athlet könnte beispielsweise angeben, wie er sich auf einer Skala von 1 bis 10 fühlt, oder berichten, ob er Muskelkater hat oder müde ist. Diese subjektiven Rückmeldungen unterliegen jedoch Ungenauigkeiten, da Athleten dazu neigen, ihre Erschöpfung zu bagatellisieren oder ihren tatsächlichen Erholungsbedarf nicht adäquat einzuschätzen. Folglich stehen keine objektiven und präzisen Daten zur Verfügung, die eine fundierte Entscheidung für den weiteren Trainingsablauf ermöglichen.

Der Erholungszustand ist ein dynamisches Konstrukt, das täglichen Schwankungen unterliegt und von vielen unterschiedlichen Faktoren beeinflusst wird. Dazu zählen unter anderem der Schlaf, die Ernährung, das Stresslevel sowie die individuelle Belastungstoleranz. Ein festes Trainingsschema kann diese Schwankungen nicht berücksichtigen. Eine optimale Trainingseinheit für einen gut erholten Sportler kann für denselben Athleten an einem weniger ausgeruhten Tag zu einer Überlastung führen. Die tägliche Beurteilung des Regenerationsstatus sowie eine entsprechende Anpassung des Trainings erfordern eine kontinuierliche Datenerhebung und -analyse, was in der Praxis mit einem hohen zeitlichen Aufwand verbunden ist und insbesondere für Trainer, die für eine ganze Gruppe verantwortlich sind, schwierig bis gar nicht umgesetzt werden kann. Jetzt kommt KI ins Spiel: Es stellt sich die Frage, wie KI-unterstütze Programme effektiv in den Trainingsprozess eingreifen können und damit die Trainingssteuerung verbessern. Sie stellen auf jeden Fall eine vielversprechende Möglichkeit dar, um die genannten Herausforderungen zu bewältigen und das Training zu optimieren. Die Kernkompetenz dieser Systeme besteht in ihrer Fähigkeit zur Echtzeit-Analyse großer Datenmengen sowie der Ableitung individueller Empfehlungen aus diesen Daten. Dies erlaubt eine adaptive Anpassung des Trainings an die aktuelle Verfassung des Athleten.

Bei der Steuerung des Trainings mithilfe eines KI-Systems werden über Fitnessuhren oder andere Wearables fortlaufend Daten erfasst. Diese Daten spiegeln den Zustand des Athleten in Bezug auf Training und Regeneration wider. Dazu zählen unter anderem die Herzfrequenz, die Herzfrequenzvariabilität (HRV), die Schlafqualität, die Muskelspannung sowie die Körpertemperatur. Diese objektiven Messwerte erlauben eine deutlich präzisere Einschätzung des aktuellen Erholungszustandes als dies durch subjektive Angaben möglich ist. Welche Bedeutung haben die angesrochenen Parameter?

- **Herzfrequenzvariabilität (HRV):** Die HRV ist ein Parameter der Herzfunktion: Das Herz schlägt generell nicht mit absoluter Regelmäßigkeit. Der zeitliche Abstand zwischen zwei Schlägen ist immer leicht unterschiedlich. Diese Variabilität wird durch das autonome Nervensystem beeinflusst. Durch körperliche Beanspruchung oder psychische Belastung kommt es zu einer Erhöhung der Frequenz, bei gleichzeitig verminderter Variabilität. Eine Anpassung an Belastungen zeigt sich in einer generell größeren Variabilität. Unter chronischem Stress ist sie wegen der beständig hohen Anspannung mehr oder weniger eingeschränkt und reduziert. Die Herzfrequenzvariabilität ist damit eine Kenngröße für die Bewertung physischer und psychischer Belastungen und kann zur Beurteilung des vegetativen Zustands genutzt werden. Eine Abnahme nach hohen Belastungen deutet auf Ermüdung und unzureichende Regeneration hin. Eine kontinuierliche Zunahme spricht für eine positive Belastungsverarbeitung und einen besseren vegetativen Zustand.

- **Schlafqualität:** Die Dauer und Qualität des Schlafs sind wesentliche Faktoren für die Regeneration. Ein erholsamer und ausreichender Schlaf hat eine ganz zentrale und herausragende Bedeutung für die physische, psychische und mentale Leistungsfähigkeit. Mit dem Tiefschlaf beginnt in nahezu allen Organen eine Phase der Erholung, der Erneuerung und des Wachstums. Durch die vermehrte Ausschüttung von Wachstumshormonen und die Bildung neuer Immunzellen repariert sich der Körper selbst. Im Schlaf wird auch das Immunsystem stabilisiert und gestärkt. Der Parasympathikus wird stimuliert, so dass sich der Muskeltonus verringert und die Muskulatur entspannt. Herzfrequenz und Blutdruck sinken, der Körper kann sich vom Stress des Tages erholen!

- **Muskelspannung und Bewegungsanalyse:** Spezielle Sensoren messen die Muskelaktivität und können erkennen, ob der Athlet Anzeichen von Muskelüberlastung oder Ungleichgewichten zeigt.

Die kontinuierliche Datenerhebung und Verarbeitung ermöglicht, den Erholungszustand des Athleten objektiv zu bewerten und auf dieser Grundlage fundierte Empfehlungen für eine entsprechende Anpassung des Trainings abzuleiten. Die langfristige Trainingsplanung wird auf Basis dieser Informationen kontinuierlich optimiert und an die individuellen Bedürfnisse des Athleten abgestimmt. Das Programm ist beispielsweise in der Lage, eine Intensivierung des Trainings zu empfehlen, sofern der Athlet schneller Fortschritte macht als erwartet. Im Falle von Verletzungen, Krankheit oder unzureichender Regeneration kann sie eine reduzierte Intensität oder gar Trainingspause vorschlagen. Dies gewährleistet eine optimale Balance zwischen Belastung und Erholung. Die objektive Überwachung von Indikatoren trägt zur langfristigen Gesunderhaltung des Athleten bei. Die KI unterstützt somit bei der Früherkennung von Überlastungen, um präventive Maßnahmen zeitnah einleiten zu können.

Ein weiterer entscheidender Vorteil ist die Präzision, mit der KI-gestützte Trainingssysteme Leistungsplateaus erkennen und durch maßgeschneiderte Trainingsmethoden gezielt durchbrechen können. Stagniert ein Athlet in einem bestimmten Trainingsbereich unterbreitet das Programm spezifische Vorschläge, um Einheiten anzupassen und weitere Fortschritte auszulösen. Die KI könnte beispielsweise eine Umstellung auf Intervalltraining empfehlen oder neue intensive Übungen in das Trainingsprogamm einplanen, sofern eine Stagnation der aeroben Kapazität festgestellt wird. Dies ermöglicht kontinuierliche Fortschritte, ohne dass das Training als monoton oder ineffektiv wahrgenommen wird.

Im Profisport ist es üblich, dass ein Trainer eine große Zahl von Athleten gleichzeitig betreut, was die individuelle Überwachung des Erholungszustandes sowie die tägliche Abstimmung des Trainings erschwert. KI-gestützte Systeme entlasten Trainer, indem sie den Erholungszustand der Athleten überwachen und personalisierte Empfehlungen für das Training geben. Der Trainer kann sich folglich auf die strategische Entwicklung und die Motivationsarbeit konzentrieren, während die KI den technischen und analytischen Part übernimmt.

Chancen, Grenzen und Herausforderungen

Obwohl KI-basierte Systeme eine neue Ära der Trainingsplanung und -steuerung verheißen, gibt es einige wesentliche Herausforderungen und Grenzen zu berücksichtigen, die bei der Anwendung evident sind. Die Nutzung von KI im Sport stellt einen vielversprechenden, jedoch auch komplexen Ansatz dar, dessen Grenzen mit Blick auf technologische, ethische und methodologische Aspekte deutlich werden.

Eine der wesentlichen Herausforderungen besteht in der Abhängigkeit von präzisen, hochwertigen Daten. Die Zuverlässigkeit KI-basierter Systeme ist maßgeblich von der Qualität der verwendeten Daten abhängig.

Obgleich Fitnesstracker, Wearables und Bewegungssensoren eine enorme Menge an Informationen erfassen, ist deren Zuverlässigkeit nicht durchgängig gewährleistet. Schwankungen in der Datenqualität, die durch technische Fehler, Ungenauigkeiten in der Sensorik oder äußere Störeinflüsse bedingt sein können, führen dazu, dass die KI falsche Rückmeldungen gibt oder ineffektive Trainingsempfehlungen generiert. Im schlimmsten Fall können die dem eigentlichen Trainingsziel entgegenwirken und den Athleten in ein Übertraining oder eine Verletzung führen.

Außerdem besteht die Gefahr, dass die Abhängigkeit von Technologien dazu verleitet, die Rückmeldungen der KI höher zu gewichten als das eigene Körpergefühl oder die Intuition von Trainern und Athleten. Diese "Technologiegläubigkeit" birgt das Risiko, dass die individuelle Wahrnehmung des Athleten in den Hintergrund rückt und technologische Empfehlungen unkritisch übernommen werden, selbst wenn sie nicht optimal passen.

Viele der eingesetzten Systeme basieren auf standardisierten Algorithmen und Modellen, die auf Durchschnittsdaten beruhen. Dabei werden individuelle Faktoren wie psychologische, emotionale oder soziale Komponenten nur unzureichend berücksichtigt. Ein Beispiel ist eine erhöhte Herzfrequenz, deren Ursache jedoch nicht eindeutig identifiziert werden kann, beispielsweise ob sie durch Stress, Krankheit oder Schlafmangel bedingt ist. In der Konsequenz kann dies zu suboptimalen Anpassungen des Trainings führen. Die Wechselwirkung zwischen physischen und mentalen Einflussfaktoren im Kontext des Sports ist von hoher Komplexität. Eine längere Phase mentaler Erschöpfung oder Motivationsprobleme eines Athleten findet nur bedingte Berücksichtigung in den Algorithmen einer KI. Daher besteht die Gefahr, dass Trainingsempfehlungen die individuellen Bedürfnisse des Athleten unberücksichtigt lassen und sogar kontraproduktiv wirken, beispielsweise durch eine unzureichende Reduzierung der Belastung.

Im Vergleich zu menschlichen Trainern weisen KI-gestützte Systeme eine eingeschränkte Flexibilität auf. Obgleich KI über die Kompetenz verfügt, spezifische Bewegungsmuster und Leistungsdaten zu evaluieren, mangelt es ihr an der intuitiven Flexibilität und Anpassungsfähigkeit, über die ein erfahrener Trainer verfügt. Im Gegensatz zu KI-Systemen sind Menschen in der Lage, spontan auf Veränderungen im Training zu reagieren, wobei diese über eine bloße Anpassung von Trainingsplänen hinausgehen können. Zudem können sie auf nicht messbare Informationen wie Körperhaltung, Ausdruck oder verbale Rückmeldung des Athleten eingehen. KI-Systeme sind immer auf strukturierte Daten und klare Muster angewiesen, um sinnvolle Anpassungen vorzunehmen. In Situationen, die für die KI ungewohnt sind, oder bei außergewöhnlichen physischen oder mentalen Herausforderungen, stößt sie daher oft an ihre Grenzen.

Die Verwendung von KI Kontext mit individueller und personalisierter Trainingssteuerung ist zwangsläufig mit der Erfassung und Speicherung sensibler, personenbezogener Daten verbunden, die als besonders schützenswert eingestuft werden. Im Kontext der Verarbeitung und Auswertung sind die Sicherheit und der Schutz dieser sensibler Daten von zentraler Bedeutung. Dies gilt insbesondere auch für Informationen wie Gesundheitsdaten, Bewegungsmuster und Leistungswerte der Athleten. Sie unterliegen strengen Datenschutzvorschriften, die auch unbedingt eingehalten werden müssen. Trotzdem besteht natürlich immer auch das Risiko, dass diese Daten unsachgemäß gespeichert oder von Dritten missbraucht werden. Die Akzeptanz von KI-Systemen durch Athleten und Trainer kann durch Datenschutzprobleme und unklare Datenverwendungsrichtlinien beeinträchtigt werden, was die Bereitschaft zur Nutzung dieser Systeme schmälert.

Ein weiteres ethisches Problem stellt die Frage dar, wem die Daten "gehören" und wie sie verwendet werden dürfen. Die Daten eines Athleten liefern wertvolle Informationen für das KI-System, um die Algorithmen zu verbessern. Aber will der Athlet auch, dass seine Daten dazu genutzt werden? Hier sind eine klare Zustimmungen und weit-reichende Datenschutzregelungen erforderlich, um dies zu klären.

Die Individualisierung des Trainings stellt einen großen Vorteil der KI dar, birgt jedoch auch das Risiko einer „Überindividualisierung". Ein ständiges Monitoring kann bei Athleten zu einer subjektiven Druck-situation führen, in der sie das Gefühl haben, jede noch so kleine Einheit optimieren und potenziell jedes Trainingsergebnis maximieren zu müssen. Dies kann zu einer mentalen Überlastung führen, was sich wiederum negativ auf die Motivation und Freude am Training auswirkt. Statt einer Verbesserung der sportlichen Leistung führt dies dann paradoxerweise zu einem Zustand, in dem Athleten das Gefühl haben, nicht "gut genug" zu sein oder ständig an den Erwartungen der KI gemessen zu werden. Es ist daher ganz entscheidend, eine ausgewogene Balance zwischen der Nutzung der KI und dem bewussten "Loslassen" von ständiger Selbstoptimierung zu finden, um psychische Belastungen zu vermeiden und die Freude am Sport und am Wettkampf zu wahren.

Die Anwendung von KI in der Trainingsplanung und -steuerung ist noch relativ neu, sodass die Forschung zur langfristigen Wirksamkeit KI-gestützter Trainingsprogramme erst am Anfang steht. Umfassende Studien, die die Auswirkungen auf Leistung und Verletzungsrisiken über einen längeren Zeitraum untersuchen, fehlen bislang. Aktuelle KI-Modelle basieren oft auf kurzfristigen Erfolgen und können längerfristige Entwicklungen und Risiken nur eingeschränkt prognostizieren. Gerade im Athletiktraining, das auf eine nachhaltige und stabile Leistungs-entwicklung ausgelegt ist, stellt dies eine erhebliche Einschränkung dar. Ein KI-gestütztes Training mag kurzfristig zu verbesserten Ergebnissen führen, aber es bleibt offen, ob diese Ansätze auch langfristig optimal sind oder ob sie durch die ständige Datenanalyse und Anpassung bestimmte Leistungsplateaus sogar schneller erreichen. Langzeitstudien sind not-wendig, um die nachhaltige Wirkung und den tatsächlichen Mehrwert der KI-gestützten Ansätze im Sport fundiert zu bewerten.

Chancen und Risiken im Einklang

KI stellt in der Trainingssteuerung ein mächtiges Werkzeug dar, das durch gezielte Datenerhebung und -analyse personalisierte Trainingsprogramme, Verletzungsprävention und Leistungssteigerung möglich macht. Auch bei der Überwindung von Trainingsplateaus scheint es neue Möglichkeiten zu generieren. Dabei wird eine beispiellose Individualisierung und Personalisierung des Trainings erreicht. Die Verarbeitung großer Datenmengen – von biometrischen Daten bis hin zu Bewegungsmustern – schafft die Voraussetzungen, dass das Training präzise auf die physischen und psychischen Bedürfnisse jedes einzelnen Athleten abgestimmt werden kann. Auch tagesabhängige Anpassungen, etwa bei Zeichen von Erschöpfung, können durch die KI analysiert und direkt ins Programm übernommen werden. So werden Überbelastungen vermieden.

KI ist in der Lage, auf Basis historischer und aktueller Daten muskuläre Dysbalancen oder Überlastungsmuster zu identifizieren, die zu Verletzungen führen könnten. Das System analysiert Ermüdungswerte und Bewegungsabläufe, um frühzeitig eine erhöhte Verletzungsgefahr zu erkennen und auf dieser Basis präventive Maßnahmen vorzuschlagen. Dies führt zu einer wesentlichen Verbesserung der Trainingsleistung und der Sicherheit der Athleten.

Durch Echtzeit-Feedback erhält ein Athlet unmittelbar Rückmeldung zu seiner Technik und Leistung. So ist er nicht ausschließlich auf die regelmäßige persönliche Korrektur durch einen Trainer angewiesen. Dies ist insbesondere in Sportarten von Vorteil, in denen Bewegungsfeinheiten von entscheidender Bedeutung sind, wie beispielsweise im Sprint, im Gewichtheben oder im Turnen. KI-basiertes Feedback bietet eine konstante Überprüfung der Technik und ermöglicht eine kontinuierliche Verbesserung, was in der Summe zu einer Steigerung der Leistung führt.

Doch auch diese Technologie hat ihre Grenzen und Herausforderungen, die berücksichtigt und angegangen werden müssen. Dazu gehören fehlende Kontextsensitivität, Datenschutzbedenken, das Risiko der Überindividualisierung und die fehlende Evidenz für Langzeiteffekte. Die ständige Datenerfassung und -analyse durch KI-Systeme birgt das Risiko einer Überbelastung, wenn die Trainingsbelastung nicht in ausreichendem Maße an die Erholungsphasen angepasst wird. Eine ständige Anpassung und Steigerung der Anforderungen kann bei Athleten das Gefühl auslösen, immer "mehr" leisten zu müssen, was zu einer Überlastungsspirale führen kann. Das Vertrauen in die KI und die automatisierten Anpassungen kann dazu führen, dass der Athlet Anzeichen von Überlastung ignoriert oder unterschätzt, was langfristig zu Übertraining und Verletzungen führen kann.

Ein wesentliches Problem der KI-basierten Trainingssteuerung besteht in der möglichen Einschränkung der Eigenverantwortung. Es besteht die Gefahr, dass Athleten die technische Analyse überbewerten und dabei ihre eigene Körperwahrnehmung und Intuition vernachlässigen. Die ständige Verfügbarkeit von KI-gestütztem Feedback führt unter Umständen dazu , dass Athleten ihre eigene Urteilskraft in Frage stellen oder gar verlernen, selbstständig Entscheidungen über Intensität, Umfang und Timing des Trainings zu treffen. Diese "Abhängigkeit" kann die langfristige Selbstständigkeit und das Vertrauen in das eigene Körpergefühl beeinträchtigen, was für Spitzenathleten von essentieller Bedeutung ist.

Die ständige Datenerfassung und das Monitoring können bei Athleten zudem psychische Belastungen verursachen. Die ständige Dokumentation und Analyse von Leistungsdaten kann bei Athleten das Gefühl erzeugen, einer ständigen Selbstoptimierung nachkommen zu müssen. Motivation und Spaß am Sport bleiben eventuell auf der Strecke, in machen Fällen löst es auch Ängsten oder Stress aus. Die dauerhafte Fokussierung auf Daten anstelle der Freude am Training kann die mentale Gesundheit beeinträchtigen und Burnout-Symptome fördern.

Aspekte des Trainings, die sich nur schwer quantifizieren lassen – wie Teamdynamik, mentale Stärke, emotionale Faktoren oder situative Flexibilität – werden bei ein zu intensiven „Fixierung" auf KI vernachlässigt. Da sich KI-Systeme auf physisch messbare Variablen stützen, besteht die Gefahr, dass das Gesamtbild eines Athleten in seiner Komplexität reduziert wird. Dies kann zu einseitigen Trainingsansätzen und einer unausgewogenen Gewichtung von messbaren und nicht messbaren Faktoren führen.

Für Trainer und Athleten bedeutet dies, dass KI-gestützte Anwendungen als Ergänzung – nicht als Ersatz – für die Erfahrung und das Fachwissen des menschlichen Trainers gesehen werden sollten. Der Erfolg des Einsatzes von KI im Sport hängt maßgeblich davon ab, dass die Technologie mit einer kritischen Perspektive und einem klaren Verständnis für ihre Stärken und Schwächen genutzt wird. Indem Trainer und Athleten die Möglichkeiten der KI nutzen, aber gleichzeitig ihre Grenzen im Auge behalten, können sie die positiven Aspekte der Technologie optimal ausschöpfen und die Risiken minimieren.

Leistungsdiagnostik & Verletzungsprävention – KI als Wegbereiter einer neuen Präzision

Leistungsdiagnostik und Verletzungsprävention sind wichtige Bestandteile des modernen Hochleistungssports.

Die Leistungsdiagnostik hat im Spitzensport eine lange Tradition. Im Laufe der Jahrzehnte wurden zahlreiche Testverfahren entwickelt, die sich zunehmend auch im (ambitionierten) Freizeit- und Breitensport als sinnvolle und effektive Maßnahme durchgesetzt haben. Lange Zeit galt der Laktatleistungstest als DER Standard und Grundlage für die Beurteilung der Leistung und Steuerung des Trainings. Im ambitionierten Leistungssport wurde zusätzlich oft noch eine Atemgasanalyse mittels Spiroergometrie durchgeführt. Heutzutage gibt es zahlreiche weitere Ansätze, die sich in ihrer Zielsetzung, ihrer Spezifik und ihrem Aufwand teilweise deutlich unterscheiden und voneinander abgrenzen lassen. Mit einer KI-gestützen Stoffwechselsimulation bietet sich eine weitere Möglichkeit noch gezielter auf das Training einzuwirken. Und mit den Möglichkeiten der digitalen Datenerfassung und -analyse lassen sich zahlreiche Parameter einfach bestimmen und auswerten. Sie erlauben eine sehr präzise Trainingssteuerung und helfen dabei, Leistungsreserven optimal auszuschöpfen, ohne den Körper zu überlasten.

Verletzungen stellen eine der größten Herausforderungen im Sport dar. Sie können nicht nur den Erfolg eines Athleten gefährden, sondern auch langwierige Erholungsphasen und mentale Belastungen nach sich ziehen. In den vergangenen Jahren hat künstliche Intelligenz (KI) die Voraussetzungen dafür geschaffen, dass sowohl die Leistungsdiagnostik als auch die Verletzungsprävention auf ein neues, präziseres Niveau angehoben wurden.

KI ermöglicht eine umfassende Individualisierung, Personalisierung und Dynamisierung von Leistungsdiagnostik und Verletzungsprävention. Im Gegensatz zur traditionellen Trainings- und Präventionsansätzen passt ein KI-unterstützes Programm Empfehlungen an den aktuellen Zustand, den individuellen Fortschritt und die Regenerationskapazität des Sportlers an. Sie kann zum Beispiel präventive Übungen für individuelle Schwächen empfehlen, so dass diese Schwachstellen gezielt angesprochen und behoben werden. Auch tägliche Anpassungen des Trainingsplans sind durch eine KI möglich, sodass ein präventiver Ansatz in Echtzeit gewährleistet wird, ohne dass ein Trainer oder Mediziner permanent eingreifen muss.

Die Kombination aus datenbasierter Diagnostik und Prävention ermöglicht ein bisher unerreichtes Maß an individueller Anpassung und Sicherheit für den Athleten. KI eröffnet eine neue Perspektive auf das Training, die Verletzungsprophylaxe und das nachhaltige langfristige Leistungsmanagement. Gleichzeitig birgt die Integration aber auch große Herausforderungen mit sich. Vor allem die Abhängigkeit von präzisen Daten und die resultierenden potenziellen Grenzen der KI-Modelle müssen stets reflektiert werden, um die Technologie verantwortungsbewusst und effizient einsetzen zu können.

In den folgenden Abschnitten werden wir die spezifischen Methoden und Technologien der KI-unterstützten Leistungsdiagnostik und Verletzungsprävention näher betrachten. Anwendungsbeispiele und aktuelle Forschungsansätze verdeutlichen, wie KI in den Sport eingreift und welches Potenzial darin liegt. Sie zeigen aber auch auf wo ihre Grenzen liegen.

KI-unterstützte Leistungsdiagnostik: Die Zukunft der Sportwissenschaft

Durch den Einsatz künstlicher Intelligenz können umfassende Analysen und Mustererkennungen in Echtzeit durchgeführt werden. Dies emöglicht in der Leistungsdiagnostik ganz neue Ansätze. Moderne KI-Systeme sind in der Lage, Messdaten wie Herzfrequenz, Sauerstoffsättigung oder Bewegungsmuster präzise zu erfassen und zu interpretieren. Sie erkennen durch maschinelles Lernen individuelle Fortschritte und erstellen daraus Prognosen und Trainingsempfehlungen.

Die Leistungsdiagnostik ist ein zentrales Instrument im Leistungssport. Sie ermöglicht, dass die körperliche Verfassung eines Athleten sehr genau gemessen und im Langzeitverlauf dokumentiert werden kann. Auf Basis dieser Daten ist eine sehr individuelle Trainingsplanung möglich, die die Bedürfnisse des Athleten präzise anspricht. Und mithilfe Künstlicher Intelligenz (KI) hat sich dieser Bereich in den letzten Jahren erheblich weiterentwickelt. Standardtests und manuelle Auswertungen durch Trainer und Sportwissenschaftler gehören der Vergangenheit an. KI-gestützte Systeme ergänzen die konventionellen Diagnostiken und gewährleisten eine präzisere, umfassendere und effizientere Analyse –oft in Echtzeit.

Analyse von Bewegung und -ökonomie

Ein Anwendungsgebiet der KI-basierte Leistungsdiagnostik ist die Analyse von Lauftechnik und -ökonomie eines Athleten. Diese Art der Diagnostik trägt dazu bei, die Effizienz eines Läufers zu verbessern und damit auch das Risiko von Verletzungen zu reduzieren. Der Ablauf einer solchen Laufdiagnostik umfasst mehrere Schritte mit einem komplexen Zusammenspiel von Sensorik, Datenerhebung, -verarbeitung, -analyse und Feedback.

Zunächst werden am ganzen Körper des Athleten tragbare Sensoren befestigt. Sie erfassen in Echtzeit Daten zu Position und Dynamik in der Bewegung, wie beispielsweise Winkel, Kraft, Beschleunigung und Geschwindigkeit. Des Weiteren zeichnen hochauflösende Kameras die Bewegung des Läufers aus verschiedenen Perspektiven auf. Diese Kameras sind in der Regel in speziellen Laufstudios oder Laboren installiert, in der Zwischenzeit gibt es aber auch mobile Systeme, die dann in Sporthallen oder Stadien eingesetzt werden können. In jeder Sekunde werden mehrere hundert Parameter erfasst. Eine Datenflut, die zeigt, wie komplex eine solche Diagnostik ist. Die Rohdaten umfassen unterschiedlichste Parameter wie zum Beispiel Schrittfrequenz, Schrittlänge, Bodenaufprallwinkel, Muskelaktivierung oder die Stabilität des Bewegungsablaufs. Das Programm filtert und verarbeitet diese Daten, um Störsignale zu eliminieren und nur die relevanten Informationen für die Analyse zu extrahieren. Auch die Umgebungsbedingungen, wie Bodenhärte, Temperatur oder eventuell Windgeschwindigkeit, werden in die Auswertung mit einbezogen, um eine hohe Genauigkeit sicherzustellen.

Im nächsten Schritt erfolgt die Analyse der Bewegungsmuster sowie die Erstellung von biomechanischen Profilen, inklusive eines Abgleichs mit einer Datenbank bestehender Laufprofile. Hier werden maschinelle Lernalgorithmen und vortrainierte Modelle eingesetzt. Die Datenbank enthält Daten sowohl von Profisportlern als auch von Amateuren und beinhaltet effiziente Laufbewegungen. Die Anwendung analysiert die Laufbewegung auf spezifische biomechanische Aspekte, wie beispielsweise die Effizienz des Laufbilds, die Position und Bewegungsrichtung der Gelenke, die Verteilung der Bodenkontaktzeiten oder die Symmetrie zwischen linker und rechter Körperhälfte. Auch potenzielle Fehlstellungen wie ein übermäßiges Einknicken der Knie oder ein zu starker Fersenaufsatz werden durch die KI präzise erkannt. Basierend auf den Bewegungsmustern wird dann ein individuelles Leistungsprofil erstellt. Das zeigt auf, an welchen Stellen es noch Schwachstellen zu verbessern gibt, zum Beispiel im Hinblick auf mangelnde Stabilität im Sprunggelenk, in der Hüfte oder einer asymmetrischen Muskelbelastung. Das KI-System gibt personalisierte Empfehlungen zur Verbesserung der Lauftechnik. So könnte es etwa den Vorschlag unterbreiten, die Schrittlänge zu verkürzen, um die Stoßbelastung auf die Gelenke zu reduzieren, oder ein verstärktes Training der Hüftmuskulatur, so dass eine höhere Stabilität der Beinachse gewährleistet ist.

Die Rückmeldungen werden dem Athleten über mobile Geräte oder

Displays in Echtzeit bereitgestellt. Ein unmittelbares Feedback erfolgt beispielsweise, wenn der Läufer zu stark über die Ferse abrollt oder eine instabile Haltung einnimmt. Das erlaubt eine schnelle Bewegungskorrektur. Bei regelmäßiger Durchführung einer Diagnostik können Trainingsempfehlungen dann auch dynamisch angepasst werden. Das bedeutet, dass der Läufer nicht nur einmalig Verbesserungsvorschläge erhält, sondern dass seine Technik und Leistung kontinuierlich und langfristig verbessert werden. Im Rahmen einer Langzeitanalyse speichert das Programm alle Bewegungsdaten, -muster und eingeleitete Maßnahmen und erkennt damit auch etwaige Risikofaktoren, die sich im Zeitverlauf herauskristallisieren. Der Langzeitansatz ermöglicht, dass chronische Probleme oder Risiken, wie beispielsweise muskuläre Dysbalancen, frühzeitig identifiziert werden. So kann der Athlet entsprechende Anpassungen in sein Training einfließen lassen.

Der Einsatz von Künstlicher Intelligenz (KI) in der Bewegungsdiagnostik ermöglicht Fortschritte, die mit konventionellen Methoden kaum realisierbar wären. Die Laufdiagnostik mit KI erlaubt nicht nur eine präzise Analyse, sondern fördert sowohl durch Echtzeit-Feedback als auch die langfristige Betreuung eine nachhaltige Verbesserung der Lauftechnik sowie eine signifikante Reduktion des Verletzungsrisikos. Des Weiteren steigert sich die Effektivität des Trainings, da der Athlet zielgerichtet an individuellen Schwächen arbeiten kann, was zu einer besseren Nutzung seines physischen Potenzials führt. Die Diagnostik unterstützt den Athleten über die gesamte Karriere hinweg und trägt dazu bei, seine Gesundheit langfristig zu sichern. Die kontinuierliche Weiterentwicklung der KI-Modelle, welche durch einen ständigen Abgleich mit realen Daten verbessert werden, eröffnet in der Sportwissenschaft zunehmend präzisere und personalisiertere Möglichkeiten zur Optimierung von Training und Technik sowie zur präventiven Ver-meidung von Verletzungen.

Leistungsdiagnostik physiologischer Parameter

Ein weiteres Anwendungsgebiet der KI-unterstützten Leistungsdiagnostik stellt die Bestimmung physiologischer Parameter dar. Die Daten sind Voraussetzung für eine effekive Trainingsplanung und -steuerung, sowie die Überwachung von Trainingsfortschritten.

Insbesondere im Kontext des Ausdauersports, zum Beispiel bei Radsportlern, Läufern oder Triathleten, eröffnet sich ein breites Anwendungsspektrum. Physiologische Parameter wie die ventilatorische Schwelle, die aerobe und anaerobe Schwelle, die maximale Sauerstoffaufnahme (VO$_2$max) sowie weitere Leistungsparameter sind entscheidende Größen der Bewertung und Steuerung des Trainings. Der Einsatz von KI ermöglicht eine Automatisierung, Präzisierung und Echtzeit-Anpassung der Diagnosen, wodurch für Athleten, Trainer und Sportwissenschaftler gleichermaßen wertvolle Einsichten gewonnen werden.

Traditionelle Diagnostiken wie der Laktatstufentest oder die Spiroergometrie behalten jedoch weiterhin ihre Relevanz. Durch KI-gestützte Systeme und erweiterte Tools können nun zusätzliche, komplexe Aspekte des Stoffwechsels sowie der Energiebereitstellung genauer bestimmt und interpretiert werden. Dies resultiert in einer dynamischen und detaillierten Betrachtung, welche eine gezielte Steuerung der Trainingsintensität und -belastung ermöglicht. Durch eine Stoffwechselsimulation können Prognosen und Vorgaben für den Wettkampf erstellt werden, oder Auswirkungen unterschiedlicher Trainingsszenarien vorhergesagt werden.

Im Rahmen einer Leistungsdiagnostik wird häufig ein Stufentest eingesetzt, z.B. auf einem Fahrradergometer. Die Belastung wird schrittweise erhöht, während man gleichzeitig verschiedene physiologische Parameter mißt, wie Herzfrequenz, Laktat oder die Sauerstoffaufnahme. Das erlaubt dann Rückschlüsse auf die aerobe und anaerobe Kapazität und weitere Leistungsparameter. In fest definierten Intervallen wird Laktat aus dem Blut entnommen, um anschließend die Laktatbildung sowie die aerobe und anaerobe Laktatschwelle zu bestimmen. Eine zusätzliche Atemgas-analyse zeigt, zu welchem Zeitpunkt der Sportler primär auf die Bereit-stellung anaerober Energiegewinnung umschaltet und in welchem Um-fang er seine aerobe Kapazität ausschöpfen kann.

Im Anschluss an den Test erfolgt eine erweiterte Analyse mithilfe einer KI-gestützten Plattform. Die gibt dann einen umfassenderen Einblicke in den Stoffwechsel und die Energiebereitstellung durch Anwendung kom-plexer Algorithmen und Simulationen. Im Rahmen der Analyse werden meist die folgende Parameter untersucht:

- **VO2max:** Die maximale Sauerstoffaufnahme repräsentiert die Ausprägung des aeroben Stoffwechsels und ist ein Maß für die maximale Sauerstoffaufnahme durch die Atmung, die Trans-portkapazität des Sauerstoff im Blutkreislauf sowie die Verwert-ung des Sauerstoff im aeroben Muskelstoffwechsel bei maximaler körperlicher Belastung. Es handelt sich um die Zusammenfass-ung der Leistungsfähigkeit der Teilsysteme Atmung, Herz-Kreis-lauf-System und Muskelzellen im Ausbelastungszustand des Körpers. Damit ist sie DIE klassische Messgröße zur Beurteilung der aeroben Leistungsfähigkeit eines Athleten

- **VLamax**: Die maximale Laktatbildungsrate beschreibt die Geschwindigkeit, mit der der Körper Laktat aus Glukose bilden kann, wenn Energie vor allem durch den anaeroben Stoffwechsel bereitgestellt wird. Sie ist ein Maß für die Leistungsfähigkeit des anaeroben Energiesystems. Ein hoher VLamax-Wert zeigt an, dass der Körper schnell Energie für intensive, kurzzeitige Belastungen bereitstellen kann, wie zum Beispiel beim Sprinten. Allerdings führt eine hohe Laktatbildungsrate auch dazu, dass der Körper schneller Laktat anhäuft, was die Ermüdung bei längeren Belastungen fördert. In Ausdauersportarten kann ein niedriger Wert vorteilhaft sein, da der Körper dann langsamer Laktat produziert und länger im aeroben Bereich bleibt.

- **Glykogen- und Fettverbrennungsrate**: Die KI kann basierend auf den erhobenen Daten modellieren, wie stark der Athlet in verschiedenen Intensitätsbereichen auf Fett- und Kohlenhydratspeicher zugreift. Dies ist besonders für die Ausdauerleistung von Bedeutung.

- **Simulation von Belastungen und Erholungsphasen**: Die KI kann mithilfe der ermittelten Parameter simulieren, wie sich der Körper unter verschiedenen Bedingungen verhält, z. B. bei langanhaltender Belastung oder intensiven Intervallen.

- **Interpretation und Erstellung personalisierter Trainingspläne** Anhand der detaillierten Analyse werden personalisierte Trainingspläne entwickelt, die den spezifischen physiologischen Gegebenheiten des Athleten gerecht werden.

- **Periodisierung nach Erholungsbedarf**: Die KI gibt Empfehlungen zur optimalen Erholungsdauer nach intensiven Einheiten, sodass der Athlet nicht in ein Übertraining gerät und nachhaltig trainieren kann.

Außerdem können aus den Daten Wettkampfprognosen und Wettkampfempfehlungen erstellt werden.

Welches sind die entscheidenden Unterschiede und Vorteile gegenüber den traditionellen Methoden, wie beispielsweise dem seit Jahren bewährten Laktatstufentest und der Spiroergometrie?

Bei den traditionellen Methoden werden in erster Linie Laktat und eventuell zusätzlich noch die Atemgase während einer steigenden Belastung gemessen. Dadurch bestimmt man die aerobe sowie die anaerobe Schwelle. Die KI-gestützte Leistungsdiagnostik geht jedoch deutlich darüber hinaus und erstellt aus denselben Daten ein vollständiges, individuelles Stoffwechselprofil, das beispielsweise auch die Anteile der Energiebereitstellung aus Fetten und Kohlenhydraten mit einbezieht. Der Sportler erhält ein komplettes Stoffwechselprofil und somit einen detaillierten Überblick über seine individuellen Stärken und Schwächen. Er kann im Training dann gezielt daran arbeiten. KI-Systeme nutzen Langzeitdaten und umfassende Algorithmen, um mögliche Leistungsentwicklungen zu simulieren und den Stoffwechsel dynamisch darzustellen. Bei den traditionellen Tests handelt es sich um statische Momentaufnahmen, die lediglich den aktuellen Leistungszustand aufzeigen können. Ein Modellierungspotenzial ist nicht gegeben.

Ein großer Vorteil der KI-gestützten Diagnostik besteht in ihrer Fähigkeit, Simulationen und prädiktive Modelle anzuwenden. Im Gegensatz zu herkömmlichen Methoden kann die KI die Reaktion des Körpers auf verschiedene Trainingsintensitäten simulieren und so vorhersagen, wie sich Änderungen in der Trainingsstrategie langfristig auf die Leistung auswirken. Dies ist insbesondere für die Wettkampfvorbereitung von großem Nutzen, da Athleten ihr Training an die spezifischen Anforderungen eines Wettkampfs anpassen können. Die kontinuierliche Datenerhebung schafft die Voraussetzungen, spezifische Trainingseinheiten zu erstellen, die exakt auf die physiologischen Parameter des Sportlers abgestimmt sind. Schwächen können gezielt angegangen werden, Stärken gezielt gefördert werden. Dies führt auch zu einer Verringerung des Verletzungsrisikos. Da der Athlet in seiner optimalen Belastungszone trainiert kommen Überlastungen deutlich weniger vor. Letztlich führt dies zu einer kontinuierlichen und langfristigen Leistungsentwicklung.

Dennoch hat auch diese Diagnostik ihre Grenzen: Die Qualität der zugrundeliegenden Daten spielt eine ganz entscheidende Rolle. Fehlerhafte oder ungenauer Messwerte können zu falschen Diagnosen und Trainingsempfehlungen führen. Auch die leistungsfähigste KI kann mentale und externe Einflüsse nicht vollständig berücksichtigen. Tagesform, mentale Verfassung oder Wetterbedingungen werden oft nicht ausreichend berücksichtigt, obwohl sie erheblichen Einfluss auf die Leistung haben können. Auch der Ernährungsstatus kann mitunter einen Einfluß auf das Testergebnis haben: Sind die Glykogenspeicher des Athleten ausreichend gefüllt? Was macht sein Flüssigkeitsstatus?

Die ständige Analyse und Empfehlungen der die KI birgt das Risiko, dass Athleten sich zu stark auf die Technologie verlassen und weniger auf ihr eigenes Körpergefühl achten. Das kann mitunter auch dazu führen, dass die Eigenverantwortung vernachlässigt wird und eine große Abhängigkeit vom System entsteht. Athleten sind „nicht mehr in der Lage" ohne Diagnostik und präzise Vorgaben zu trainieren.

Letztlich sind auch Aspekte des Datenschutzes und der Persönlichkeitsrechte zu berücksichtigen. Die Sammlung und Analyse sensibler Gesundheitsdaten birgt datenschutzrechtliche Herausforderungen und bedingt eine verantwortungsvolle Handhabung, um die Privatsphäre des Athleten zu gewährleisten und ethische Richtlinien zu wahren.

Fazit zur Leistungsdiagnostik

Der Einsatz von KI in der Leistungsdiagnostik eröffnet zahreiche Möglichkeiten und neue Wege, die mit konventionellen Methoden kaum zu erreichen wären. Zu den Bereichen, in denen KI-Lösungen deutliche Vorteile bieten, gehören Präzision, Personalisierung, Geschwindigkeit und detaillierte Prognosen.

KI-gestützte Systeme heben sich von herkömmlichen Ansätzen ab, da sie in der Lage sind, extrem große Datenmengen in Echtzeit zu verarbeiten, Muster zu erkennen und individuelle Empfehlungen zu geben. Anhand dessen lassen sich die wesentlichen Unterschiede zwischen konventionellen und KI-unterstützten Methoden sowie der konkrete Mehrwert der KI ableiten.

Bei einer herkömmlichen Bewegungsdiagnostik werden Tests in festgelegten Zeiträumen durchgeführt, Daten werden zwar regelmäßig, aber nicht kontinuierlich erfasst. Die Analyse erfolgt manuell oder auf Basis festgelegter Algorithmen, welche lediglich begrenzte Variablen auswerten. KI-Systeme haben den Vorteil, dass sie in der Lage sind Daten aus einer großen Zahl von Quellen (wie Sensoren, Wearables, Kameras) in Echtzeit zu verarbeiten und zu analysieren. Sie identifizieren Veränderungen im Körperzustand oder in Bewegungsmustern und liefern umgehend Rückmeldung. Dies ermöglicht eine dynamische und detaillierte Diagnose, die über die Möglichkeiten punktueller Messungen weit hinausgeht. Der Athlet erhält ein umfassendes und genaues Bild seines Leistungszustandes und kann während des Trainings sofort reagieren. Die Echtzeit-Analyse ermöglicht zudem die Erkennung geringfügiger Abweichungen, bevor sich diese zu gravierenden Problemen entwickeln.

Bei traditionellen Ansätzen der Leistungsdiagnostik erfolgt die Auswertung oft anhand von Standardwerten und Normtabellen, die auf statistischen Durchschnittswerten basieren. Diese Vorgehensweise erlaubt Vergleiche mit allgemeinen Normwerten, berücksichtigt jedoch keine spezifischen, individuellen Muster oder subtile Abweichungen im Bewegungsablauf. Maschinelles Lernen ermöglicht, dass in großen Datenmengen Muster und Korrelationen erkannt werden, die für das menschliche Auge oder klassische Algorithmen unsichtbar sind. So kann die KI beispielsweise aus der Kombination aus den Bewegungsmustern und den physiologischen Daten eine erhöhte Verletzungswahrscheinlichkeit ableiten oder Anomalien im Bewegungsablauf frühzeitig erkennen. Diese Systeme sind lernfähig und passen sich kontinuierlich an die individuellen Daten an. Der Athlet profitiert von der Möglichkeit, dass die KI personalisierte Diagnosen und Prognosen erstellt, die auf seinem persönlichen Muster basieren. Dies führt zu einer höheren Präzision und ermöglicht eine individuelle Anpassung des Trainings auf höchstem Niveau.

In traditionellen Ansätzen ist die Diagnostik von Trainingsanpassungen in hohem Maße von der Expertise und Intuition der Trainer und Sportwissenschaftler abhängig. Diese subjektiven Faktoren können zu Schwankungen in der Genauigkeit und Qualität der Analyse führen. Im Gegensatz dazu arbeitet KI objektiv und konsistent nach festgelegten Algorithmen und Datengrundlagen, so dass menschliche Fehler und subjektive Interpretationen minimiert werden. Die Möglichkeit, sich als Trainer auf die strategische Entwicklung und Motivation der Athleten zu konzentrieren, wird durch die Übernahme detaillierter Analysen und Anpassungen durch die KI gewährleistet. Der Einsatz von KI führt somit zu objektiveren Diagnosen und ermöglicht Trainern eine Konzentration auf ihre Kernaufgaben. Dies resultiert in fundierteren Entscheidungen und einer präziseren Trainingssteuerung.

Verletzungsprävention: Von der Erkennung von Risikofaktoren bis zur Vorhersage von Verletzungen

KI-Anwendungen können rießige Datenmengen verarbeiten. Das hilft auch in der Verletzungsprävention. Anhand von Trainingsdaten, biomechanischen Analysen und physiologischen Parametern kann eine KI Muster und Anzeichen erkennen, wann ein erhöhtes Verletzungsrisiko besteht. Durch Bewegungsanalysen, beispielsweise im Knie oder Sprunggelenk, lassen sich unnatürliche oder belastende Bewegungsmuster identifizieren, die sich im Laufe der Zeit zu einem ernsten Problem für den Athleten entwickeln könnten. Die Kombination vielfältiger Datenquellen gibt ein umfassendes Bild vom individuellen Gesundheits- und Leistungsprofil, so dass gegebenenfalls frühzeitig notwendige Maßnahmen eingeleitet werden können.

Biomechanische Daten erfassen die Bewegung und Belastung des Körpers in Echtzeit, insbesondere in dynamischen Situationen wie Laufen oder bei Sprüngen. Dabei spielen die typischen Bewegungsmuster eine zentrale Rolle. Sensoren und Kamerasysteme analysieren die genaue Position und den Winkel der Gelenke, etwa von Knie, Hüfte oder Sprunggelenk. Erkennt die KI Abweichungen in diesen Mustern, beispielsweise eine asymmetrische Kniebewegung bei einem Sprung, können diese als Hinweis auf ein potenzielles Verletzungsrisiko interpretiert werden. Im Rahmen dessen ist auch die Beschleunigungs- und Geschwindigkeitsmessung von Relevanz. Spezielle Sensoren erfassen die Geschwindigkeit und Winkel, in denen sich Extremitäten bewegen, was Aufschluss über die Intensität und Beanspruchung von Gelenken und Muskeln gibt. Diese Messungen decken biomechanischer Schwachstellen und Überbelastungen auf, die potenziell zu Mikroverletzungen führen können.

Zur Bewertung des Regenerationsstatus werden zahlreiche spezifische physiologische Daten herangezogen. Wesentlicher Parameter sind die Herzfrequenz sowie die Herzfrequenzvariabilität (HRV). Eine niedrige

Herzfrequenzvariabilität (HRV) weist darauf hin, dass der Körper unter Stress steht oder sich nicht ausreichend erholt hat. Diese Informationen helfen dann bei einer präzisen Einschätzung der aktuellen Belastbarkeit.

Ein oft unterschätzter, aber essenzieller Bereich der Verletzungsprävention ist die posturale Stabilität des Körpers. Im Rahmen dessen misst man mittels Gleichgewichtstests und Kraftmessplatten Schwankungen und Gleichgewichtsprobleme bei statischen sowie dynamischen Bewegungen. Die KI identifiziert Defizite in der Stabilität, die auf Muskelungleichgewichte oder Balanceprobleme hindeuten und das Verletzungsrisiko erhöhen können. Die Analyse der Körperhaltung in Ruhe und Bewegung kann muskuläre Dysbalancen ausfindig machen. Auf Grundlage dieser Informationen empfiehlt eine KI gezielt Übungen um die Haltung zu verbessern und diese Ungleichgewichte auszubessern.

Die Verletzungshistorie und vergangene Behandlungsverläufe liefern weitere wertvolle Erkenntnisse. Häufig treten Verletzungen in den gleichen oder angrenzenden Bereichen auf, wenn die betroffenen Strukturen nicht vollständig ausgeheilt sind, muskuläre Dysbalancen nicht ausgeglichen wurden oder eine Fehlbelastung bestehen bleibt. Eine KI identifiziert auf Basis historischer Daten anfällige Körperbereiche und gibt präventive Empfehlungen für das weitere Training.

Schließlich sind externe Faktoren Gegenstand einer erweiterten Analyse. So versteht man die Schlafqualität und -dauer zunehmend als Faktoren für die Verletzungsprävention. Auch der Ernährungs- und Flüssigkeitsstatus haben Einfluss auf die Verletzungsanfälligkeit. Systeme, die Ernährungsdaten in ihre Betrachtungen integrieren, stellen sicher, dass der Athlet ausreichend mit Nährstoffen versorgt wird. Eine unzureichende Versorgung kann zu Muskelkrämpfen, Erschöpfung und Fehlbelastungen führen, wodurch das Risiko von Verletzungen steigt.

Durch die umfassende Integration und Analyse dieser verschiedenen Datenquellen liefert die KI detaillierte und personalisierte Einblicke, die weit über das hinausgehen, was herkömmliche Methoden leisten können. Dabei bleibt die Frage, inwieweit diese Technologie eine Standardrolle im Leistungs- und Gesundheitssport einnehmen wird und welche ethischen und datenschutzrechtlichen Fragen in der Nutzung der KI-gestützten Diagnostik zukünftig adressiert werden müssen.

Prädiktive Verletzungsvorbeugung

Eine vielversprechende Anwendung ist sicherlich die *prädiktive Analyse* durch maschinelles Lernen, die auf Langzeitdaten basiert und Schemen erfasst, die mit Verletzungen korrelieren. Sie bietet enorme Vorteile, indem sie aus großen Mengen an Langzeitdaten Muster identifiziert, die mit erhöhten Verletzungsrisiken korrelieren. Dieser Ansatz ermöglicht es, präventive Maßnahmen auf der Basis von Daten zu treffen, bevor es überhaupt zu einer Verletzung kommt. Die Stärke dieser Methode liegt darin, dass die KI aus historischen Daten lernt und subtile Warnsignale entdeckt, die für das menschliche Auge oft unsichtbar bleiben.

Durch die Analyse von Mikroverletzungen, chronischer Muskelüberlastung oder Abweichungen in der Bewegungsdynamik erkennt die KI subtile Veränderungen im Bewegungsablauf, die auf ein potenzielles Verletzungsrisiko hinweisen. Das Ziel ist, Verletzungen nicht nur zu „heilen", sondern präventiv zu verhindern, bevor sie überhaupt entstehen.

Wie darf man sich das vorstellen?

Langzeitdaten umfassen zahlreiche Informationen zu Belastungen, denen ein Athlet in Training und Wettkampf ausgesetzt ist, sowie zu den Erholungsphasen, die sein Körper benötigt. Zu diesen Daten, die über Monate oder sogar Jahre hinweg aufgezeichnet werden, gehören insbesondere physiologische (beispielsweise Herzfrequenzvariabilität, Schlafqualität, Erholungszeiten), biomechanische (wie Bewegungsmuster, Gelenkbelastungen, Muskelaktivitäten), aber auch viele subjektive Daten (beispielsweise Angaben zum Wohlbefinden, zur Erschöpfung oder zu muskulären Beschwerden). Diese Langzeitdaten dienen der Dokumentation des gesamten Gesundheitszustandes des Athleten sowie der Anpassungsfähigkeit seines Körpers an bestimmte Belastungen. So kann ein umfassendes, individuelles "Gesundheits- und Leistungsprofil" des Athleten erstellt werden. Im weiteren Verlauf werden dann maschinelle Lernalgorithmen eingesetzt, um in den Daten Muster zu identifizieren, die in der Vergangenheit häufig mit Verletzungen assoziiert waren. Die Algorithmen arbeiten mit „Trainingsdaten". Das sind historische Datensätze, die bereits bekannte Verletzungsmuster enthalten. Das Programm erlernt anhand dieser Daten bestimmte Belastungswerte, Bewegungsmuster oder physiologische Veränderungen mit erhöhten Verletzungsrisiken in Zusammenhang zu bringen. Typische Muster, wie eine kumulative Belastung, eine Kombination aus hoher Trainingsintensität und kurzen Erholungsphasen, führen oft zur Überlastung bestimmter Muskelgruppen. Ein weiterer wichtiger Parameter sind Mikroverletzungen, die kleinste strukturelle Veränderungen oder Entzündungen beschreiben. Die werden oft durch eine erhöhte Muskelspannung oder eine lang anhaltende Belastung verursacht und durch Daten wie erhöhte Muskelaktivität und leichte Veränderungen der Bewegungsdynamik sichtbar. Letztendlich sind es auch dynamische Abweichungen und ungewöhnliche Variationen in Bewegungsabläufen, wie zum Beispiel veränderte Kniebewegungen oder Abweichungen in der Schrittlänge, die auf beginnende Schwächen oder muskuläre Ermüdung hindeuten. Das System erkennt, wenn ein Athlet eine ähnliche Abfolge von Belastungsspitzen und unzureichender Erholung durchläuft wie vor einer früheren Verletzung.

Ein Beispiel: Bei einem Läufer könnte die KI eine erhöhte Muskelaktivität in der Wadenmuskulatur und eine verringerte Schrittlänge als mögliche Überlastungszeichen identifizieren. Die Kombination aus biomechanischen und physiologischen Daten deutet auf eine beginnende Ermüdung oder muskuläre Schwäche hin, die unbehandelt zu einer Zerrung, einem

Muskelfaserriß oder anderen Überlastung führen könnte.

Sobald die KI ein Muster erkennt, das typischerweise mit Verletzungen im Zusammenhang steht, kann sie präventive Empfehlungen geben. Diese könnten beinhalten:

- **Anpassung des Trainingsvolumens**: Die KI könnte vorschlagen, das Trainingsvolumen für einige Tage zu reduzieren oder mehr Fokus auf Regenerationsmaßnahmen zu legen.

- **Technikverbesserungen**: Bei Bewegungsabweichungen könnte die KI Technikanalysen und gezielte Korrekturübungen empfehlen, um die Belastung auf bestimmte Gelenke oder Muskelgruppen zu verringern.

- **Spezielle Aufwärm- und Regenerationsübungen**: Falls die KI eine Überlastung in einer bestimmten Muskelgruppe identifiziert, kann sie präventive Maßnahmen wie Mobilitätsübungen oder spezifisches Stretching vorschlagen.

- **Erweiterte Erholungsphasen**: In bestimmten Fällen empfiehlt die KI eine zusätzliche Ruhephase oder alternative, weniger belastende Trainingseinheiten.

Ein besonders wertvoller Aspekt ist in diesem Zusammenhang sicherlich auch die Fähigkeit der KI, die Trainingsempfehlungen kontinuierlich anzupassen. Sobald die KI ein Risikomuster erkennt und präventive Maßnahmen empfiehlt, überprüft sie die folgenden Daten auf die Effektivität dieser Maßnahmen. Wenn sich das Belastungs- oder Bewegungsmuster des Athleten verbessert, passt die KI den Trainingsplan sukzessive an und lernt gleichzeitig aus jeder Anpassung.

Die prädiktive Analyse bietet einen entscheidenden Vorteil gegenüber konventionellen Methoden, die auf Beobachtungen und subjektiven Einschätzungen beruhen. Sie stellt ein Frühwarnsystem dar. Im Gegensatz zu regelmäßigen, aber zeitlich begrenzten Diagnosen liefert sie ein dynamisches Echtzeitbild und ermöglicht damit, Risikomuster zu erkennen, bevor diese sich in Form von Schmerzen oder Beschwerden äußern.

Die prädiktive Analyse ist objektiv und bietet eine hohe Präzision. Es werden viele unterschiedliche Datenquellen berücksichtigt, die in einer kurzen Untersuchung oft unberücksichtigt bleiben. Ein weiterer Vorteil ist die individualisierte Prävention. Während traditionelle Methoden häufig auf allgemeine Empfehlungen basieren, entwickelt die KI personalisierte Strategien. Sie identifiziert die individuellen Muster, Schwachstellen und Belastungsgrenzen jedes Athleten und leitet daraus spezifische Maßnahmen ab.

Bei aller Euphorie: Auch wenn die prädiktive Analyse durch maschinelles Lernen in der Verletzungsprävention viele Chancen bietet, gibt es einige Herausforderungen:

- **Qualität und Verfügbarkeit der Daten**: Die Wirksamkeit der Analyse hängt stark von der Qualität und Konsistenz der Daten ab. Fehlerhafte oder unvollständige Daten können zu falschen Vorhersagen führen.

- **Interpretation der Muster**: Nicht jedes ermittelte Muster bedeutet automatisch ein Verletzungsrisiko. Trainer und Athleten sollten die Ergebnisse der KI im Kontext anschauen und selbst interpretieren und nicht blind auf Empfehlungen vertrauen.

- **Ethische und datenschutzrechtliche Aspekte**: Da große Mengen sensibler Daten erhoben und verarbeitet werden, ist der Schutz der Privatsphäre von Athleten ein wichtiges Thema. Auch die

Einwilligung der Athleten und eine transparente Datennutzung sind hier essenziell.

Durch diese vorausschauende Vorgehensweise bietet die prädiktive Analyse der KI eine einzigartige Möglichkeit, die Verletzungsprävention im Sport zu revolutionieren. Wie alle KI-gestützen Systeme sollte sie aber auch kritisch hinterfragt werden und mit Bedacht und Augenmaß verwendet werden!

Material- & Technikoptimierung - Performance am Limit

In der Welt des Spitzensports haben Material und Technik längst einen wettkampfentscheidenden Einfluß erreicht. In Sportarten wie Radfahren, Triathlon und Schwimmen kann das Equipment den Unterschied zwischen Sieg und Niederlage bedeuten. Vorbei sind die Zeiten, in denen der Mensch ausschließlich durch physische und mentale Stärke den Sieg davontrug. Heute geht es darum, wie effizient Athleten ihre Kräfte einsetzen können und wie gut das verwendete Material an ihre Bedürfnisse und an die Anforderungen ihrer Sportart angepasst ist. Künstliche Intelligenz (KI) spielt in diesem Bereich eine zunehmend zentrale Rolle, denn sie ermöglicht die Entwicklung von Ausrüstung, die bis an die physikalischen Grenzen geht und dabei stets innovativ und maßgeschneidert bleibt.

Der Einsatz von KI in der Materialentwicklung wirkt sich auf verschiedene Aspekte aus, die im Spitzensport wichtig sind. Dazu zählen zum Beispiel die Leichtigkeit und Stabilität der Materialien. Sie sollen eine perfekte Balance zwischen Belastbarkeit und geringem Gewicht schaffen. In vielen Sporarten spielen Hydrodynamik und Aerodynamik eine entscheidende Rolle, wenn es darum geht, den Wasser- oder Luftwiderstand möglichst klein zu halten. Durch einen geringen Widerstand kann der Sportler seine Kraft effizienter einsetzen und wertvolle Energie sparen. Das kann im Wettkampf den entscheidenden kleinen Unterschied ausmachen.

KI-gestützte Systeme analysieren und optimieren das Design und die Struktur von Materialien. So kann ein Radsportler etwa auf ein Fahrrad zurückgreifen, das im Windkanal mithilfe von KI auf die bestmögliche

Aerodynamik optimiert wurde. Durch manuelle Tests allein wäre das nur schwer umsetzbar. Auch für Schwimmer gibt es bereits Schwimmanzüge, die durch den Einsatz von KI hinsichtlich ihrer Stoffe und Schnitte weiterentwickelt wurden, um ein Höchstmaß an Hydrodynamik und hohem Tragekomfort zu garantieren. KI verbessert aber nicht nur das Design, sondern gestaltet auch den Produktionsprozess effizienter. Dadurch kann leistungsfähiges Material schneller und oft auch kostengünstiger hergestellt werden.

Dieses Kapitel beleuchtet die Bedeutung von Material und Technik im Spitzensport und klärt, warum optimiertes Equipment heutzutage einen genauso hohen Stellenwert hat wie die körperliche Fitness. Wir betrachten, wie KI zur Entwicklung von Material beiträgt, das leicht, stabil, hydrodynamisch oder aerodynamisch optimiert ist, und zeigen, wie diese Eigenschaften speziell auf die Anforderungen einzelner Sportarten abgestimmt werden können. Dabei geht es auch um die Herausforderung, eine Balance zwischen den unterschiedlichen Anforderungen zu finden – ein Aspekt, der die Materialforschung im Sport stetig vorantreibt. Letztendlich fragen wir uns: Wo liegen die Grenzen der Materialoptimierung durch KI, und wie stark beeinflusst sie die Leistung der Athleten?

Materialforschung

Die Entwicklung neuer Materialien stellt im Spitzensport ein wichtiges Feld dar. Die Ausrüstung kann maßgeblich beeinflussen, wie erfolgreich Athleten sind. Und künstliche Intelligenz, insbesondere durch Methoden des maschinelles Lernen und neuronaler Netze, leistet in diesem Segment einen enormen Beitrag. Die Möglichkeit, Materialien mit spezifischen Eigenschaften zu entwickeln, die exakt auf die Anforderungen einer Sportart oder sogar eines Athleten abgestimmt sind, eröffnet ganz neue Perspektiven. Dabei geht es um mehr als nur um die Produktion selbst. KI-gestützte Prozesse helfen bereits im Entwicklungsstadium durch

Simulationen und digitale Prototypen, um die Realisierbarkeit und Effizienz von Materialien und Designs zu testen. Traditionell waren Materialentwicklungen oft mit aufwendigen und kostspieligen Prototypenphasen verbunden. Ein neues Design musste erstellt, getestet und angepasst werden, was einen zeit- und ressourcenintensiven Prozess darstellte. Dank KI-unterstützter Verfahren hat sich dieser Prozess revolutioniert. Maschinelles Lernen und neuronale Netze ermöglichen die Erstellung und Prüfung virtueller Prototypen, noch bevor ein physisches Modell gebaut wird.

Ein Beispiel ist die Entwicklung von Fahrradrahmen, bei denen sowohl ein geringes Gewicht als auch Stabilität wichtige Kriterien sind. Das Ziel ist eine optimale Balance zwischen Belastbarkeit und Leichtigkeit. Mithilfe von KI können Ingenieure zunächst digitale Simulationen eines Rahmens konstruieren, in denen die Materialbelastung bei verschiedenen Geschwindigkeiten, Wetterbedingungen oder Fahrbahnoberflächen getestet wird. Zahlreiche Daten über verschiedene Materialien und deren Eigenschaften werden gesammelt und fließen in Algorithmen ein, die mithilfe von Mustern und Korrelationen Vorhersagen darüber treffen, wie bestimmte Zusammensetzungen unter realen Bedingungen performen werden. So lässt sich bereits im Vorfeld einschätzen, welches Material etwa die beste Kombination aus Stabilität und geringem Gewicht bietet, ohne dass alle möglichen Materialmischungen tatsächlich hergestellt und getestet werden müssen.

Ein neuronales Netz wird trainiert, indem es auf große Datenmengen zugreift und dabei aus den Eigenschaften verschiedener Materialien und Designs lernt. Im Kontext der Materialentwicklung kann ein solches Netz etwa darauf trainiert werden, einen Fahrradrahmen oder einen Schwimmanzug auf der Grundlage spezifischer Anforderungen (wie Gewicht, Flexibilität oder Stabilität) zu bewerten. Das Netz lernt, welche Kombinationen an Materialien und Formen die besten Ergebnisse liefern – eine Aufgabe, die für den Menschen extrem zeitaufwändig wäre und die rein manuell kaum zu bewältigen ist.

Der Workflow bedeutet zudem, dass Anpassungen auch schnell vorgenommen werden können. Wenn eine Materialkombination in einer Simulation nicht die gewünschten Ergebnisse liefert, kann der Algorithmus automatisiert auf die nächste vielversprechende Kombination zugreifen und diese in einer weiteren Simulation prüfen. So wird der gesamte Prozess dynamischer und effizienter, da sich das System „weiterentwickelt" und durch die stetig hinzukommenden Daten lernt, welche Faktoren das gewünschte Ergebnis beeinflussen.

Ein weiterer wesentlicher Bereich, in dem KI unterstützt, ist die Optimierung von Form und Materialzusammensetzung. Bleiben wir im Radsport: Beispielsweise muss ein Fahrradhelm nicht nur leicht, sondern auch aerodynamisch und stabil sein. Er muss die notwendige Sicherheit gewährleisten, ohne dabei die Geschwindigkeit zu beeinträchtigen. KI kann hier bei der Formverbesserung des Helms unterstützen, um den Luftwiderstand gering zu halten und gleichzeitig für eine hohe Stabilität sorgen. Schließlich soll er ja auch bei einem Sturz für die Sicherheit des Athleten Sorge tragen. Bei diesem Prozess wird oft auf eine Kombination aus genetischen Algorithmen und neuronalen Netzen gesetzt. Genetische Algorithmen sind in der Lage, verschiedene Kombinationen von Form und Materialzusammensetzung zu testen, um eine möglichst optimale Lösung zu finden. Ähnlich wie in der Evolution wird bei diesen Algorithmen „ausprobiert", welche Konfiguration die besten Ergebnisse liefert, und auf dieser Basis eine stetige Weiterentwicklung vorgenommen. Kombiniert mit neuronalen Netzen, die große Datenmengen verarbeiten und Muster erkennen können, entstehen so hochpräzise Berechnungen für Form und Materialmischung. Dies ist ein enormer Fortschritt gegenüber traditionellen Methoden, bei denen die Zusammensetzung oft auf Grundlage von Erfahrung und Annahmen getestet wurden.

Ähnlich geht es bei der Entwicklung von Schwimmanzügen, bei denen die Hydrodynamik von großer Bedeutung ist. Die Materialzusammensetzung und die Struktur des Anzugs müssen so konzipiert sein, dass der

Wasserwiderstand minimal ist, während der Tragekomfort und die Bewegungsfreiheit des Schwimmers nicht eingeschränkt werden. Hier hilft KI dabei, die perfekte Materialstärke und Zusammensetzung zu finden, indem sie die Daten von hunderten von Schwimmbewegungen und Wasserströmungen analysiert und daraus das beste Design ableitet.

Die Vorteile von KI in der Materialentwicklung sind offensichtlich. Der gesamte Prozess wird effizienter und präziser, da bereits vor der Produktion Daten darüber vorliegen, welche Designs und Materialkombinationen erfolgreich sein könnten. Der Materialverbrauch wird verringert, die Entwicklungszeit verkürzt und die Endprodukte können spezifischer und individueller auf die Bedürfnisse der Athleten angepasst werden. Die Sportindustrie kann so schneller auf die Anforderungen des Marktes reagieren und neue innovative Produkte entwickeln, die sonst Jahre in Anspruch nehmen würden.

Es gibt jedoch auch Grenzen und Herausforderungen. Die Entwicklung neuer Materialien bleibt trotz aller Fortschritte in der KI eine komplexe Aufgabe, die immer eine menschliche Einschätzung und Kontrolle erfordert. Zwar kann KI Muster erkennen und Zusammenhänge herstellen, doch die Interpretation dieser Muster und die Entscheidung, welches Design letztendlich in die Produktion geht, muss von Experten getroffen werden.

Ein weiteres Problem ist die oft begrenzte Verfügbarkeit von ausreichend hochwertigen Daten. Gerade bei komplexen neuen Materialien oder innovativen Designs gibt es häufig nicht genug Datenmaterial, um eine KI zuverlässig zu trainieren. Hier müssen Ingenieure und Materialwissenschaftler immer wieder nachjustieren und neue Daten generieren, um die KI-Systeme zu verbessern.

Ein weiterer Aspekt, der berücksichtigt werden muss, ist die Frage der Kosten. Zwar werden durch den Einsatz von KI Material und Entwicklungszeit eingespart, doch die Implementierung und Wartung solcher Systeme ist oft eine kostspielige Angelegenheit und erfordert spezialisiertes Know-how. Nicht alle Sportteams oder Ausrüster können es sich leisten, in diese neuen Technologien zu investieren.

Ein ethisches Thema, das immer häufiger diskutiert wird, ist die Frage nach der Grenze der Optimierung. Wenn Athleten von nahezu perfekt entwickeltem Material unterstützt werden, stellt sich die Frage, inwiefern ihre Leistung noch als rein „menschliche" Leistung betrachtet werden kann. Besonders in Sportarten, in denen Material und Technik entscheidend sind, könnten die Unterschiede zwischen Athleten immer mehr zu einer Frage des Budgets und der Technologie werden – eine Entwicklung, die für den Sport durchaus problematisch sein kann.

Die KI-gestützte Materialforschung hat das Potenzial, den Sport revolutionär zu verändern. Sie bietet neue Möglichkeiten, die Leistungsfähigkeit von Athleten zu steigern und gleichzeitig den Produktionsprozess effizienter und umweltfreundlicher zu gestalten. Die Fähigkeit, digitale Prototypen zu erstellen und optimierte Designs schon vor der Produktion zu simulieren, stellt einen erheblichen Vorteil dar, der die Materialverschwendung klein hält und Entwicklungszeiten verkürzt. Durch die kontinuierliche Analyse von Daten und die Möglichkeit, selbstlernende Systeme einzusetzen, entwickelt sich die Materialforschung stetig weiter und bleibt agil und innovativ.

Doch trotz aller Fortschritte gibt es klare Grenzen. Die Notwendigkeit menschlicher Expertise bleibt bestehen, und nicht alle Materialien und Designs sind allein durch Datenanalyse optimierbar. Die Kosten und die ethischen Fragen, die mit der Nutzung dieser Technologien einhergehen, werden in den kommenden Jahren sicherlich noch intensiver diskutiert werden müssen. Dennoch ist klar: KI wird auch in der Materialforschung eine immer bedeutendere Rolle einnehmen und Athleten sowie Ausrüster auf ihrem Weg zur optimalen Leistung weiter unterstützen.

Aerodynamik im Radsport und Triathlon

Aerodynamik spielt im Radsport und Triathlon eine entscheidende Rolle. Schon kleinste Anpassungen in der Körperhaltung, der Helmform oder der Radausstattung können zu einer enormen Leistungsverbesserung führen. Traditionell werden Anpassungen häufig durch aufwendige Windkanal- oder Feldtests auf der Radrennbahn realisiert, die allerdings sehr kostspielig und zeitaufwendig sind. Mit modernen KI-Algorithmen eröffnen sich hier völlig neue Möglichkeiten, die Aerodynamik in Echtzeit zu analysieren sowie mit Hilfe digitaler Simulationen die optimale Kombination aus Fahrrad und Körperposition zu finden – ohne die aufwendige Infrastruktur eines Windkanals oder langwierige Testfahrten auf der Bahn.

Ein klassischer *Windkanaltest* dient dazu, die Aerodynamik von Objekten, in unserem Fall eines Fahrrads samt Athlet, unter kontrollierten Bedingungen zu testen. Der Athlet nimmt verschiedene Positionen auf seinem Fahrrad ein, und es wird gemessen, wie sich die Luftströmung entlang des Körpers und der Ausrüstung verhält. Dabei geht es darum, den Luftwiderstand möglichst klein zu halten, da dieser bereits bei Geschwindigkeiten von knapp über 20 km/h zum Hauptgegner des Athleten wird. Solche Tests sind sehr zeit- und kostenintensiv. Jeder Testzyklus erfordert nicht nur eine aufwendige Vorbereitungen, sondern auch die Präsenz eines Teams von Experten, um die Daten zu interpretieren und darauf aufbauend weitere Anpassungen durchzuführen. Eine aufwendige Kleinarbeit, die viel Zeit benötigt. Windkanäle selbst sind hochspezialisierte Einrichtungen, deren Nutzung teuer ist und daher für viele kleinere Teams und Vereine kaum erschwinglich. Zudem hat sich auch gezeigt, dass sich die Bedingungen im Windkanal häufig nur bedingt auf reale Verhältnisse übertragen lassen. Auch die statische Haltung des Fahrers und die begrenzte Umgebung eines Windkanals führen oft dazu, dass die Tests nur ein grobes Bild der Aerodynamik liefern können. Der Windkanal gibt Anhaltspunkte, aber ein vollständiges

Bild der dynamischen Anpassungen des Athleten auf der Straße bleibt unvollständig.

Mit der Integration von KI-Technologien in den Testablauf können diese Grenzen verschoben werden. KI-Algorithmen bieten die Möglichkeit, Daten aus Windkanaltests, computergestützten Simulationen und sogar Echtzeitdaten aus Trainingseinheiten kombiniert zu analysieren und Muster zu erkennen, die für den Luftwiderstand entscheidend sind. Maschinelles Lernen ermöglicht es, dass umfangreiche Datenmengen aus zahlreichen Quellen verarbeitet werden. Etwa aus Sensoren, Kameras oder Strömungssimulationen. Auf Basis dieser Daten werden dann individualisierte Empfehlungen für die optimale Fahrposition generiert. Im Unterschied zum traditionellen Windkanal ist ein KI-unterstütztes System in der Lage, Variablen wie Geschwindigkeit, Körperhaltung und Wetterbedingungen simultan zu berücksichtigen. Dies bietet eine viel umfassendere Perspektive auf die Aerodynamik, als es statische Tests in einem physischen Windkanal leisten können. Dabei geht die KI über eine einfache aerodynamische Optimierung hinaus, indem sie erkennt, welche Position der Athlet über eine längere Distanz durchhalten kann, ohne dabei die Effizienz zu beeinträchtigen.

So könnte ein KI-gestützter Testzyklus wie folgt aussehen: Der Athlet begibt sich in verschiedene Positionen, die von einem Kamerasystem aufgezeichnet werden. Das Programm analysiert dann die Körperhaltung und berechnet mithilfe der Strömungsdaten, wo Anpassungen vorgenommen werden können. Der Algorithmus liefert Rückmeldungen und zeigt, wie sich jede kleine Veränderung im Luftwiderstand widerspiegelt. Im Vergleich zu den herkömmlichen Windkanaltests ist dieser Ansatz schneller und präziser, da die KI-Systeme kontinuierlich lernen und sich an die Daten des einzelnen Athleten anpassen

Ein weiterer großer Fortschritt, der durch KI-Methoden möglich wird, sind sogenannte **CFD-Simulationen**, das sind rechnergestützte Strömungssimulationen (Computational Fluid Dynamics). Dadurch können Luftströmungen um den Körper des Athleten auf seinem Fahrrad detailliert modeliert werden, ohne dass ein physischer Windkanal erforderlich ist. Der Körper des Athleten wir einfach gescannt und virtuel auf sein Fahrrad gesetzt. CFD nutzt dann KI-Algorithmen, um auf dieser Basis Strömungsmuster und Luftwiderstände zu berechnen, denen ein Radfahrer während eines Rennens ausgesetzt sein würde. Ein großer Vorteil von CFD ist die Tatsache, dass die Bedingungen exakt modelliert und angepasst werden können. Die Tests können mit unterschiedlichen Geschwindigkeiten, Windrichtungen und Körperhaltungen durchgeführt werden, ohne dass ein Athlet in einen Windkanal gehen muss. Dadurch ist es möglich, dass zahlreiche Szenarien durchgespielt werden, ohne dass der Sportler jeweils anreisen muss. Diese Flexibilität reduziert die Kosten und den Zeitaufwand erheblich. Insbesondere bei der Optimierung der Körperhaltung haben sich CFD-Simulationen bereits bewährt. Die Simulation verdeutlicht, dass bereits minimale Anpassungen, wie beispielsweise eine Veränderung des Armwinkels oder eine Verlagerung der Kopfposition, den Luftwiderstand signifikant reduzieren kann. Im Wettkampf bietet dies einen entscheidenden Vorteil, der Athlet ist schneller unterwegs und spart Energie.

Ein physischer Windkanaltest hat den Vorteil, dass er reale Umgebungen simuliert und einen sehr praxisnahen Einblick in die aerodynamischen Effekte bietet. Die Möglichkeit, das tatsächliche Verhalten des Luftstroms um den Körper und das Fahrrad in einem realen Raum zu beobachten, bietet einzigartige Vorteile, die CFD-Simulationen nicht immer ganz abbilden können. Windkanaltests liefern oft eine höhere Detailtiefe bei spezifischen aerodynamischen Fragestellungen und sind besonders hilfreich, um das Zusammenspiel zwischen Fahrrad und Fahrer zu untersuchen. Dennoch sind sie teuer und zeitaufwendig, und es können nur wenige Szenarien auf einmal durchgespielt werden. Bei der Analyse der Aerodynamik im physischen Windkanal ist der Testaufbau oft statisch, was bedeutet, dass sich das System nur schwer an dynamische Bedingungen anpassen lässt. Zudem muss der Fahrer in einer bestimmten Haltung verharren, was in der Praxis oft nicht realistisch ist, da die Körperposition während eines langen Rennens variiert.

Computergestützte Strömungssimulationen (CFD) bieten eine weitaus größere Flexibilität. Die Simulation kann viele verschiedene Szenarien, Haltungen und Bedingungen berücksichtigen und direkt Ergebnisse liefern, ohne dass physische Anpassungen notwendig sind. Die Kosten sind niedriger, da kein spezieller Windkanal oder eine teure Testumgebung benötigt wird. Zudem erlaubt CFD, auf den individuellen Stil des Athleten besser einzugehen, da die Simulation so angepasst werden kann, dass sie auf Basis der Bewegungsabläufe und Rennstrategien des Fahrers Ergebnisse liefert. Ein weiterer Vorteil der CFD-Simulation in Verbindung mit KI ist die kontinuierliche Optimierung. Die KI lernt aus jeder Simulation und kann Anpassungen in Echtzeit vorschlagen, ohne dass dafür ein erneuter Testaufbau nötig ist. In einem physischen Windkanal sind mehrere Durchgänge erforderlich, um die ideale Position zu finden, wohingegen eine CFD-Simulation durch die KI stetig weiter angepasst und verbessert wird.

Sowohl physische Windkanäle als auch KI-gestützte CFD-Simulationen haben ihre jeweiligen Vor- und Nachteile und sollten im Idealfall miteinander kombiniert werden. So erhält man dann die besten Ergebnisse. Während der Windkanal unverzichtbar bleibt, um reale Luftströme unter kontrollierten Bedingungen zu beobachten, bietet die KI in Kombination mit CFD eine innovative und effizientere Möglichkeit, Aerodynamiktests flexibler und kostengünstiger zu gestalten.

Die Einsatzmöglichkeiten von KI in der Aerodynamikoptimierung sind äußerst vielfältig. Neben der bereits erwähnten Optimierung der Körperhaltung und der Berechnung von Luftströmungen kann KI auch helfen, frühzeitig Materialschwächen oder ergonomische Nachteile in Designs zu erkennen. Auch die Anpassung an unterschiedliche Wettkampfbedingungen wie Seitenwind oder wechselnde Witterung wird durch KI-gestützte Analysen verbessert. So ist es denkbar, dass die KI den Fahrern in Zukunft in Echtzeit während des Rennens eine angepasste Strategie für die optimale Aerodynamik liefern kann – eine Vision, die im Profisport sicherlich schon bald Realität werden könnte.

Sportbekleidung

Sportbekleidung ist im Profisport inzwischen weit mehr als nur eine Frage des Designs oder der Passform. In Sportarten wie Radfahren, Triathlon oder Schwimmen kann die Wahl der Bekleidung einen entscheidenden Vorteil verschaffen. Und durch den Einsatz von Künstlicher Intelligenz (KI) hat dieser Bereich in den letzten Jahren eine enorme Transformation erfahren. KI-Technologien ermöglichen die Entwicklung von Stoffen, Schnittmustern und Designs, die nicht nur die Bewegungsfreiheit und Stabilität des Sportlers verbessern, sondern auch spezifische aerodynamische oder hydrodynamische Anforderungen erfüllen.

Traditionell entwickelte man Sportanzüge und Textilien durch langjährige Erfahrung und experimentelle Tests in realen Umgebungen. Diese Prozesse lieferten gute Ergebnisse, doch waren sie oft langwierig und kostspielig. Zudem sind physische Tests und klassische Entwicklungsmethoden nur begrenzt in der Lage, die extremen Anforderungen zu erfüllen, die im modernen Hochleistungssport gestellt werden. Hier setzt KI an, indem sie sowohl in der Materialentwicklung als auch in der Optimierung von Schnittmustern und Designs eine gezielte, datenbasierte Herangehensweise ermöglicht.

Der Einsatz von maschinellem Lernen und neuronalen Netzen ist besonders wertvoll, da diese Systeme in der Lage sind, riesige Datenmengen zu analysieren und spezifische Muster zu erkennen, die für die Materialoptimierung entscheidend sind. Beispielsweise kann KI in der Analyse von Bewegungsdaten und Körperformen Muster erkennen, die den Schnitt von Anzügen verbessern und dabei gleichzeitig die

Bewegungsfreiheit erhalten. Durch diese datengesteuerten Ansätze können Materialien und Designs entwickelt werden, die speziell auf die Bedürfnisse von Athleten in verschiedenen Disziplinen zugeschnitten sind.

In dynamischen Sportarten wie Schwimmen und Triathlon spielt die Bewegungsfreiheit eine wesentliche Rolle, da jede Einschränkung den Bewegungsablauf und damit die Leistung negativ beeinflussen kann. Gleichzeitig muss der Stoff jedoch stabil genug sein, um eine stützende Funktion zu erfüllen und dem Athleten eine konstante Passform zu bieten. Dies ist eine Balance, die traditionell nur durch eine Vielzahl von physischen Tests und Designanpassungen gefunden werden konnte. Durch den Einsatz von KI können Stoffe jedoch bereits in der Entwicklungsphase hinsichtlich ihrer Eigenschaften simuliert werden. Maschinelles Lernen ermöglicht es, die Daten, die durch das Testen verschiedener Stoffe und Schnittmuster gewonnen werden, in kürzester Zeit zu verarbeiten und optimale Materialkombinationen zu identifizieren. So kann KI gezielt voraussagen, welche Stoffe und Gewebestrukturen die besten Eigenschaften für die jeweiligen Anforderungen bieten.

Ein weiterer wichtiger Aspekt ist die hydrodynamische Optimierung, insbesondere bei Schwimm- und Triathlonanzügen. Hier können Stoffe entwickelt werden, die das Wasser abweisen und den Widerstand so gering wie möglich halten. Auch hier nutzt KI rießige Datenmengen aus Strömungssimulationen, die zeigen, wie sich verschiedene Materialien im Wasser verhalten und welche Gewebestrukturen den geringsten Strömungswiderstand aufweisen. Der Vorteil dieses KI-gestützten Ansatzes liegt darin, dass diese Tests und Simulationen bereits in der Entwicklungsphase digital durchgeführt werden können, ohne dass physische Prototypen erforderlich sind. Das spart Zeit und ermöglicht, in kürzester Zeit eine große Zahl an Materialien und Schnitten zu analysieren und zu vergleichen.

Entwicklung von Rad-, Triathlon- und Schwimmanzügen

Die Entwicklung und Auswahl der richtigen Materialien für Anzüge im Rad-, Triathlon- und Schwimmsport ist wichtig, um die aero- und hydrodynamischen Eigenschaften der Kleidung zu optimieren. Im Radsport beispielsweise spielt der Luftwiderstand eine entscheidende Rolle. Ein speziell entwickelter Radanzug kann die Aerodynamik deutlich verbessern und so wertvolle Sekunden sparen. Der Anzug sollte eng anliegt und keine Falten bilden, die den Luftstrom stören. Durch den Einsatz von KI können Stoffe und Schnittmuster entwickelt werden, die eine optimale Passform bieten und gleichzeitig den Luftwiderstand klein halten. Im Vorfeld wird der Athlet vermessen, so dass die Passform anschließend über Simulationen angepasst und verbessert werden kann. Bei der Anprobe und im sportlichen Umfeld kann er aus unterschiedlichen Modellen auswählen und letztendlich entscheiden welches ihm am besten passt. Damit werden deutlich weniger Prototypen beötigt als bei der traditionellen Herangehensweise.

Im Triathlon ist die Materialauswahl sogar noch komplexer, da der Anzug sowohl für den Wasser- als auch für den Landteil des Rennens gut funktionieren muss. Der Stoff muss hydrodynamische Eigenschaften aufweisen, um den Wasserwiderstand zu reduzieren, gleichzeitig aber auch atmungsaktiv und elastisch genug sein, um dem Sportler auf dem Rad und beim Laufen die nötige Bewegungsfreiheit zu bieten. Durch KI-gestützte Simulationen können diese verschiedenen Anforderungen bereits in der Entwicklungsphase im Design berücksichtigt werden, so dass der fertige Anzug beste Eigenschaften für jede Disziplin bietet.

Ein großer Vorteil von KI in der Materialentwicklung ist die Möglichkeit, Simulationen und digitale Prototypen zu nutzen, um Materialien und Designs bereits vor der Produktion zu testen. Diese Simulationen basieren auf umfangreichen Daten und physikalischen Modellen, die das Verhalten von Materialien unter verschiedenen Bedingungen realitätsnah nachbilden können. Durch die Verwendung digitaler Prototypen können die Eigenschaften eines neuen Stoffes oder Schnittmusters in kürzester Zeit analysiert werden, ohne dass physische Prototypen hergestellt werden müssen. Dies reduziert die Produktionskosten erheblich und ermöglicht eine schnellere Markteinführung neuer Materialien.

Nachdem in der Simulation und durch digitale Prototypen die besten Materialien und Gewebestrukturen gefunden wurden, kommt die KI erneut ins Spiel, um die optimale Form und Materialzusammensetzung zu berechnen. Im Radsport und Triathlon ist beispielsweise die Form des Anzugs entscheidend, da jede noch so kleine Falte den Luft- oder Wasserwiderstand erhöhen kann. Die KI analysiert, wie sich das Material in verschiedenen Positionen verhält und wie sich der Widerstand je nach Körperhaltung verändert.

Im Schwimmen wird oft mit Materialien gearbeitet, die eine Art „Haihaut-Effekt" haben, das heißt, sie reduzieren den Widerstand durch eine spezielle Oberflächenstruktur. Die KI berechnet hierbei die ideale Zusammensetzung und Verteilung dieser Struktur. Dies ist eine Entwicklung, die ohne KI nicht möglich wäre, da die Kombination und Analyse der unterschiedlichen Gewebestrukturen und deren Verhalten im Wasser zu komplex ist, um rein manuell durchgeführt zu werden.

Grenzen der KI-gestützten Materialentwicklung

Trotz der zahlreichen Vorteile, die KI in der Materialentwicklung bietet, gibt es auch einige Herausforderungen und Grenzen. Ein wesentlicher Punkt ist die Tatsache, dass Simulationen und digitale Prototypen immer auf Modellen und Annahmen basieren. Diese können zwar sehr präzise sein, aber die Realität lässt sich nicht immer zu 100 % vorhersagen. Ein Stoff, der in der Simulation ideale Eigenschaften aufweist, kann sich unter realen Bedingungen manchmal anders verhalten. Daher sind physische Tests und praktische Erfahrungen weiterhin unverzichtbar, um die endgültige Qualität eines Materials oder Anzugs zu gewährleisten.

Ein weiteres Problem liegt in der Datenqualität. Damit die KI-Systeme präzise Vorhersagen und Optimierungen durchführen können, sind umfangreiche und qualitativ hochwertige Daten erforderlich. Gerade in der Materialforschung sind solche Daten jedoch oft schwer zu erhalten, da sie sehr spezifisch und teuer sind. Die Daten müssen zudem regelmäßig aktualisiert und überprüft werden, um die Präzision der KI-Algorithmen zu gewährleisten.

Die Zukunft der KI-gestützten Materialentwicklung in der Sportbekleidung ist vielversprechend. Mit zunehmender Rechenleistung und besserer Datenqualität werden die Simulationen immer präziser und realistischer. In den nächsten Jahren ist zu erwarten, dass KI-basierte Materialien und Designs den Sport auf ein neues Niveau heben werden, indem sie den Sportlern optimale Bedingungen bieten.

Hightech-Materialien im Wettkampf

Der Einsatz von Hightech-Materialien im Wettkampf ist mittlerweile ein fester Bestandteil vieler Sportarten. Teams und Sportler investieren enorme Ressourcen in Forschung und Entwicklung, um sich durch technologische Fortschritte Wettbewerbsvorteile zu verschaffen. Durch Fallstudien und Erfahrungsberichte erfolgreicher Athleten und Teams wird deutlich, wie KI-optimierte Materialien zu messbaren Leistungsverbesserungen in Geschwindigkeit, Energieeffizienz und Komfort führen. Die folgenden Praxisbeispiele zeigen, wie Hightech-Materialien, die mithilfe von KI entwickelt wurden, im Wettkampf eingesetzt werden und welchen Unterschied sie in der Praxis machen können.

Im *Radsport* ist der Luftwiderstand einer der größten Gegner. Athleten müssen gegen diesen unsichtbaren Widerstand ankämpfen, der bei hohen Geschwindigkeiten enorm viel Energie fordert. In Zusammenarbeit mit führenden Herstellern haben einige der erfolgreichsten Radsportteams in

den letzten Jahren auf KI-optimierte Anzüge gesetzt, die das aerodynamische Profil ihrer Fahrer verbessern. Diese Anzüge wurden mithilfe
von KI-gestützten Strömungssimulationen und digitalen Prototypen
entwickelt, die jede mögliche Position und Körperhaltung analysierten,
um den Luftwiderstand zu minimieren.

Ein prominentes Beispiel ist das Team Sky (heute Team Ineos), das bei der
Tour de France 2019 auf Anzüge setzte, deren Schnittmuster und Material
durch KI optimiert wurden. Die eingesetzte Technologie ermöglichte es,
die Oberflächenstruktur der Anzüge so zu gestalten, dass sie den Luftwiderstand bei bestimmten Körperhaltungen um bis zu 10 % reduzieren
konnte. Dies bedeutete in der Praxis, dass die Fahrer weniger Energie
benötigten, um die gleiche Geschwindigkeit zu halten. Eine Analyse des
Teams ergab, dass allein durch die Optimierung der Aerodynamik eine
Leistungssteigerung von bis zu 5 % erzielt wurde – was im Profi-
Radsport, wo oft nur Sekunden über den Sieg entscheiden, einen erheblichen Vorteil darstellt.

Triathleten profitieren in besonderem Maße von KI-optimierten Materialien, da sie in drei Disziplinen Höchstleistungen erbringen müssen. Die
Athleten setzen auf Anzüge, die für das Schwimmen besonders hydrodynamisch gestaltet sind, um durch das Wasser zu gleiten. Gleichzeitig
bieten sie eine aerodynamisch optimierte Struktur für das Radfahren und
eine Passform, die sie beim abschließenden Lauf nicht behindert. In der
Zwischenzeit wird das Gewebe auch hinsichtlich einer Kühlung des
Athleten optimiert, vor allem beim legendären Ironman-Triathlon auf
Hawaii sieht man auch auf diesem Gebiet jedes Jahr neue Innovationen.

Eine Fallstudie des Triathleten Jan Frodeno zeigt, wie KI-optimierte
Schwimmanzüge seine Leistung im Wasser signifikant verbesserten.
Frodeno, Olympiasieger und mehrfacher Ironman-Weltmeister, setzte auf
einen Schwimmanzug, dessen Material und Oberfläche durch maschinelle
Lernalgorithmen auf maximale Hydrodynamik hin optimiert wurde. Die

KI analysierte die spezifischen Schwimmbewegungen von Frodeno und entwickelte ein Material, das in seiner Struktur den Hautschuppen eines Hais ähnelt – eine Oberfläche, die dafür bekannt ist, den Wasserwiderstand sehr gering zu halten. Durch diese Entwicklung konnte Frodeno seine Zeit im Wasser um etwa 2-3 % verbessern, was in einem Wettkampf über lange Distanzen einen enormen Vorteil bedeutet.

Zusätzlich wurden durch die KI Bewegungsanalysen durchgeführt, um die Passform des Anzugs weiter zu optimieren. Der Anzug saß so eng, dass er jede Muskelbewegung unterstützte, ohne dabei die Bewegungsfreiheit einzuschränken. Diese perfekte Kombination aus Bewegungsfreiheit und Strömungsoptimierung machte es möglich, Energie zu sparen und gleichzeitig die Geschwindigkeit im Wasser zu steigern.

Auch im *Schwimmsport* wurde schon früh damit begonnen, Hightech-Materialien zu nutzen, um die Leistung der Athleten zu verbessern. Einer der bekanntesten Fälle ist der Einsatz von speziellen Anzügen bei den Olympischen Spielen 2008, die von Michael Phelps und anderen Schwimmern genutzt wurden und zahlreiche Rekorde ermöglichten. Seitdem hat sich die Materialentwicklung weiter verfeinert. Heute werden Schwimmanzüge mithilfe von KI-gestützten Strömungssimulationen entworfen, die die Materialstruktur und Passform bis ins kleinste Detail analysieren.

Ein Beispiel aus der jüngeren Vergangenheit ist das italienische Schwimmteam, das mit einem Hightech-Schwimmanzug auf der Basis von KI-Analysen ausgestattet wurde. Die KI simulierte die Bewegungen der Athleten in Echtzeit und testete verschiedene Materialkombinationen und Oberflächenstrukturen. So konnten Anzüge entwickelt werden, die den Wasserwiderstand um bis zu 8 % verringerten. In der Praxis bedeutete dies, dass die Schwimmer mit weniger Energie schneller durchs Wasser gleiten konnten und ihre Leistung erheblich steigerten. Die Schwimmer gaben an, dass der Anzug auch beim Drehen und Wenden im

Becken extrem stabil und komfortabel blieb – ein Komfortgewinn, der im Wettkampf zusätzliche Konzentration auf die Leistung erlaubte.

Auch im *Wintersport* haben KI-optimierte Materialien Einzug gehalten. Skispringer experimentieren schon seit langem mit aerodynamisch optimierten Materialien und Schnitten. In Sportarten wie Skilanglauf oder Biathlon ist es entscheidend, dass die Körpertemperatur der Athleten konstant bleibt. Überhitzung oder ein Absinken der Temperatur können die Leistung stark beeinträchtigen. Skiteams setzen daher auf Anzüge, die eine optimale Thermoregulation bieten. Das norwegische Biathlon-Team hat beispielsweise vor den Olympischen Spielen 2022 in Peking einen neuen Skianzug eingeführt, dessen Material auf Basis von KI-Analysen thermoregulierend gestaltet wurde. Die KI analysierte die Wetterbedingungen und Belastungsprofile der Athleten und entwickelte ein Material, das die Körperwärme isoliert, aber gleichzeitig auch atmungsaktiv ist. Tests zeigten, dass die norwegischen Athleten in den neuen Anzügen über längere Strecken hinweg eine gleichmäßige Körpertemperatur beibehalten konnten, was ihnen eine konstantere Leistung ermöglichte. Der Komfortfaktor spielte hierbei ebenfalls eine Rolle, denn die Sportler berichteten, dass die neuen Anzüge angenehmer zu tragen waren und sich besser an die Körperform anpassten.

Im *Laufsport* hat sich der Fokus auf Schuhe gerichtet, die eine maximale Energieeffizienz ermöglichen. Schuhe, die bei jedem Schritt Energie zurückgeben und gleichzeitig dämpfend wirken, haben sich als wettbewerbsentscheidend erwiesen. Der Marathonläufer Eliud Kipchoge setzte bei seinem Rekordlauf unter zwei Stunden auf ein Paar Laufschuhe, deren Sohlenmaterial durch KI optimiert wurde. Die Entwicklung basierte auf der Analyse zahlreicher Bewegungs- und Belastungsdaten, die durch maschinelles Lernen ausgewertet wurden. Die KI ermittelte ein Material, das nicht nur die richtige Dämpfung, sondern auch eine erhöhte

Energierückführung bietet. Durch den speziellen Schaumstoff und eine eingearbeitete Kohlefaserplatte konnte Kipchoge bei jedem Schritt Energie zurückgewinnen, was ihm eine konstant hohe Geschwindigkeit über die gesamte Marathonstrecke ermöglichte. In der Praxis führte dies zu einer Energieersparnis von etwa 4 %, die entscheidend war, um die magische Zwei-Stunden-Marke zu knacken. Kipchoges Erfolg führte dazu, dass viele weitere Marathonläufer auf ähnliche Schuhe umstiegen, und die Technologie der Energierückgewinnung hat sich im Laufsport seither etabliert.

Feedback der Athleten und Vorteile in der Praxis

Athleten, die auf KI-optimierte Materialien setzen, berichten häufig, dass die Vorteile nicht nur in der Messbarkeit, sondern auch im Komfort und in der praktischen Handhabung liegen. Gerade in intensiven Wettkampfsituationen, bei denen jede Sekunde zählt, haben kleinste Anpassungen oft große Auswirkungen. Sportler berichten, dass sie sich durch die Hightech-Materialien auf ihre Leistung konzentrieren können, da die Bekleidung nicht nur leistungsfördernd, sondern auch angenehm zu tragen ist. Durch die perfekte Passform und die Bewegungsfreiheit wird das Tragegefühl verbessert, und die Athleten fühlen sich insgesamt weniger eingeschränkt.

In der Praxis haben KI-optimierte Materialien bewiesen, dass sie die Geschwindigkeit erhöhen, die Energieeffizienz verbessern und den Komfort steigern können. Eine Studie über den Einsatz von Hightech-Radanzügen hat ergeben, dass die durchschnittliche Zeit, die ein Radfahrer für eine Strecke von 40 Kilometern benötigt, durch den Einsatz von KI-optimierten Anzügen um etwa 2 % reduziert werden konnte. Dies verdeutlicht, dass selbst geringfügige Optimierungen durch die KI-gestützte Entwicklung von Materialien im Sport signifikante Unterschiede bewirken können, insbesondere in Wettbewerben, in dem Bruchteile von Sekunden den Ausschlag geben.

Grenzen und ethische Fragestellungen

Im Bereich der Materialentwicklung und Technologisierung des Sports scheint das Potenzial nahezu grenzenlos zu sein. Künstliche Intelligenz (KI), maschinelles Lernen und Hightech-Materialien haben in den letzten Jahren die Leistung vieler Athleten erheblich gesteigert. Doch mit diesen Fortschritten kommen auch Grenzen und Herausforderungen:

Wie weit kann und sollte die Entwicklung noch gehen?

Wie fair ist es, wenn einige Sportler Zugang zu teurer, KI-optimierten Ausrüstung haben, andere aber nicht?

Und wie beeinflussen Regeln und Reglementierungen die Chancengleichheit im Wettkampf?

Die technologische Weiterentwicklung im Sport scheint in vielen Bereichen noch weit von ihrem Höhepunkt entfernt zu sein. Neue Entwicklungen in KI, Materialwissenschaft und Simulation eröffnen immer neue Möglichkeiten, die Leistung zu verbessern. Diese Technologien haben insbesondere bei der Optimierung von Bewegungen, der Reduzierung des Widerstands und der Verbesserung der Energieeffizienz beeindruckende Ergebnisse erzielt. Doch wie weit kann und sollte diese Entwicklung gehen? Und vor allem: Wer kann sich diese teuren Technologien überhaupt leisten?

Der größte Hemmschuh dieser rasanten Entwicklungen sind die enormen Kosten. KI-gestützte Materialentwicklung ist ein aufwendiger und kostspieliger Prozess, der die Zusammenarbeit von spezialisierten Wissenschaftlern, Ingenieuren und Sportexperten erfordert. Je mehr Ressourcen ein Team oder ein Athlet in die Forschung und Entwicklung stecken kann, desto größer ist sein technologischer Vorteil. Die großen Sportteams und gut finanzierten Nationen profitieren dabei besonders. So ist es kein Zufall, dass die erfolgreichsten Athleten oft aus den finanziell bestausgestatteten Teams kommen, die sich KI-optimierte Anzüge, Schuhe und Fahrräder leisten können. Dieser finanzielle Vorteil ist ein Punkt, der immer wieder in Frage gestellt wird, wenn es um Fairness und Gleichheit im Sport geht.

Ein weiteres Problem sind die Grenzen der technologischen Entwicklung. In einigen Sportarten, wie etwa dem Schwimmsport, ist die Materialentwicklung an eine Art „Sättigungspunkt" gelangt: Hochtechnologische Anzüge, die die Leistung der Athleten verbessern, wurden 2010 von internationalen Verbänden, wie der FINA, verboten, nachdem bei den Olympischen Spielen 2008 zahlreiche Rekorde durch die damals eingesetzten Hightech-Schwimmanzüge gebrochen wurden. Die Anzüge veränderten den Sport so stark, dass es die Regeln veränderte – ein klarer Hinweis auf die Grenzen, die die Technologie im Sport erreicht hat.

Die *ethische Frage nach der Fairness* von technologischem Fortschritt im Sport ist eine der drängendsten Fragen, die der moderne Leistungssport stellt. Wenn das Material, das ein Athlet verwendet, über Sieg oder Niederlage entscheidet, stellt sich zwangsläufig die Frage, ob hier nicht ein ungleicher Wettbewerb stattfindet. Die Ethik des Sports basiert auf dem Ideal der Chancengleichheit – dass jeder Athlet mit seinem Training, seinem Talent und seiner Willenskraft die selben Möglichkeiten hat, erfolgreich zu sein. Technologischer Fortschritt kann dieses Ideal jedoch untergraben. Ein prominentes Beispiel für dieses Problem ist der „Sub-2"-Marathonlauf von Eliud Kipchoge im Jahr 2019. Bei diesem Lauf, bei dem Kipchoge die Marathonstrecke erstmals unter zwei Stunden bewältigte, nutzte er Hightech-Laufschuhe, die eine erhebliche Energieersparnis ermöglichten. Die Schuhe waren mit einer speziellen Kohlefaserplatte ausgestattet, die bei jedem Schritt Energie zurückgab. Kritiker argumentierten, dass dieser technologische Vorteil dem sportlichen Wettkampfprinzip widerspreche. Zwar galten die Schuhe als regelkonform, doch blieb die Frage bestehen, ob solche Technologien nicht letztlich den sportlichen Charakter des Wettbewerbs verändern.

Diese Frage nach der Fairness gewinnt vor allem in einem professionellen Umfeld an Bedeutung, in dem einige Teams in der Lage sind, Millionen in Technologie und Materialentwicklung zu investieren, während andere Teams und Athleten nur begrenzte Ressourcen zur Verfügung haben. Der Sport entwickelt sich dadurch tendenziell zu einem Wettlauf der Technologien, in dem nicht nur das Talent der Athleten, sondern auch die finanziellen Mittel eines Teams über Sieg oder Niederlage entscheiden. Die Frage, wie fair technologische Vorteile im Sport sein können, bleibt eine der größten Herausforderungen für die Ethik des modernen Leistungssports.

Internationale Sportverbände stehen vor der Aufgabe, die Chancengleichheit im Wettkampf zu wahren und gleichzeitig den technologischen Fortschritt nicht auszubremsen. Die Balance zwischen Innovation und Fairness zu finden, ist jedoch oft schwierig. Verbände haben deshalb spezifische Reglementierungen erlassen, die den Einsatz bestimmter Materialien und Technologien einschränken.

Beispielsweise hat der Leichtathletik-Weltverband World Athletics im Jahr 2020 neue Regeln für Laufschuhe eingeführt, um zu verhindern, dass Sportler zu große technologische Vorteile durch hochentwickelte Schuhe haben. Die Sohlenstärke und die Anzahl der Kohlefaserplatten in den Schuhen wurden begrenzt, um die Chancengleichheit im Wettkampf zu wahren. Auch in anderen Sportarten, wie dem Radsport und dem Schwimmsport, wurden ähnliche Regeln eingeführt, um den technologischen Fortschritt zu kontrollieren.

Ein weiteres Beispiel ist der Schwimmsport, wo die FINA 2010 eine Regel einführte, die das Material und die Dicke der Schwimmanzüge reguliert. Die sogenannten „Superanzüge", die 2008 bei den Olympischen Spielen für eine Rekordflut sorgten, waren aus Polyurethan und anderen Hightech-Materialien gefertigt und wurden nach diesen Regeländerungen verboten. Seitdem dürfen Schwimmanzüge nur noch aus Textilmaterialien bestehen, um zu verhindern, dass Athleten durch überlegene Technologie einen unfairen Vorteil haben.

Allerdings stellt die Regulierung solcher Technologien die Verbände vor ein Dilemma: Einerseits wird von ihnen erwartet, dass sie Innovationen und den Fortschritt im Sport fördern; andererseits müssen sie sicherstellen, dass der Sport nicht durch technologische Entwicklungen dominiert wird. Es ist ein Balanceakt, der besonders schwierig ist, da die technologischen Möglichkeiten immer weiter voranschreiten und damit die Notwendigkeit wächst, Regeln ständig anzupassen und zu überarbeiten.

Die Materialentwicklung und der technologische Fortschritt im Sport werden sich weiter beschleunigen. Es ist anzunehmen, dass in den kommenden Jahren noch präzisere und leistungsfähigere Technologien auf den Markt kommen werden. Vor allem der Einsatz von KI im Sport wird weiterhin zunehmen, da sie leistungsstarke Analysetools und Optimierungsmöglichkeiten bietet, die viele Bereiche des Sports revolutionieren könnten. Die Herausforderung wird darin bestehen, dass Verbände und Organisationen eine klare Linie ziehen, um sicherzustellen, dass der Sport weiterhin fair bleibt. Einige Experten schlagen vor, dass spezifische Technologiestandards eingeführt werden, an denen sich alle Hersteller orientieren müssen. Ein standardisiertes Reglement könnte sicherstellen, dass die Fortschritte in der Materialentwicklung allen Athleten gleichermaßen zugänglich sind und damit die Chancengleichheit bewahrt bleibt. Andere schlagen vor, dass bestimmte Technologien nur in bestimmten Wettkämpfen eingesetzt werden dürfen, ähnlich wie bei den Dopingregelungen.

Ein weiterer Ansatz könnte sein, eine klarere Unterscheidung zwischen technologischen und sportlichen Wettbewerben zu schaffen. So könnten spezielle Wettkämpfe eingeführt werden, bei denen der Einsatz modernster Technologien erlaubt ist, während in traditionellen Wettbewerben striktere Reglementierungen gelten. Diese Idee verändert dann jedoch das Spektrum und die Faszination des Sports erheblich und würde in der Praxis schwer umzusetzen sein.

Es lässt sich festhalten, dass die Grenzen und ethischen Fragen der Technologie- und Materialentwicklung im Sport eine komplexe Thematik sind, die den Sport auch in Zukunft stark prägen wird. Klar ist, dass KI und Hightech-Materialien die Art und Weise, wie wir Sport wahrnehmen, bereits verändert haben und weiterhin verändern werden. Die Herausforderung wird darin bestehen, diesen Fortschritt verantwortungsvoll zu gestalten und dabei die Werte und Prinzipien des Sports zu wahren. Der Sport soll als fairer und gleichberechtigter Wettkampf bestehen bleiben, in dem die Leistung der Athleten, und nicht die ihrer Ausrüstung, im Vordergrund steht.

KI im Coaching – Der Trainer der Zukunft?

Die Rolle des Trainers hat sich in den letzten Jahren signifikant weiterentwickelt. Während früher die persönliche Erfahrung, das Bauchgefühl und die Beobachtungsgabe den Coaching-Prozess prägten, gewinnen heute Datenanalysen, Videoauswertungen und hochentwickelte Algorithmen zunehmend an Bedeutung. Künstliche Intelligenz (KI) hält Einzug in den Coaching-Bereich und eröffnet eine Vielzahl neuer Möglichkeiten: Sie analysiert Taktiken, erarbeitet Strategien, bewertet die Spielweise des Gegners und liefert dem Trainerteam wertvolle Informationen, die bisher undenkbar waren. Doch welche Auswirkungen hat diese Entwicklung auf die Rolle des Trainers? Es stellt sich die Frage, ob die KI eine Unterstützung, ein Werkzeug – oder irgendwann gar ein Ersatz für das Trainerteam darstellt.

Das folgende Kapitel widmet sich der Frage, wie KI im Coaching eingesetzt werden kann, um die Effektivität und Präzision von Entscheidungen zu steigern, ohne dabei den menschlichen Faktor zu vernachlässigen. In den Bereichen Taktik, Gegneranalyse sowie der Entwicklung von Spielstrategien hat KI bereits beeindruckende Resultate erzielt. Dank fortgeschrittener Algorithmen kann ein Trainer heute in Echtzeit Informationen über die Bewegungsmuster einzelner Spieler erhalten, strategische Schwachstellen des Gegners aufdecken und das eigene Team auf die vermeintlich effektivste Weise aufstellen. Die Technologie unterstützt Trainer dabei, fundierte Entscheidungen zu treffen. Dennoch stellt sich die Frage, ob eine Maschine die menschliche Intuition ersetzen kann.

Anhand von konkreten Beispielen aus dem Profisport – etwa im Fußball, Tennis und Basketball – zeigen wir auf, wie KI-gestützte Coaching-Tools im Alltag der Teams zum Einsatz kommen und welche Erfolge damit erzielt werden. Ob in der Bundesliga, auf den Tennis-Courts der Grand-Slam-Turniere oder in den taktisch sehr komplexen Spielen der NBA: KI-Systeme haben sich als wertvolle Helfer etabliert. Sie liefern taktische Detailanalysen und Prognosen und bereiten das Team präzise auf eine abgestimmte Strategie vor.

Die Integration der KI wirft jedoch auch Fragen auf, die es zu klären gilt, darunter auch ethische Aspekte und Herausforderungen. Der Einsatz von Algorithmen zur Entscheidungsfindung birgt potenzielle Risiken, insbesondere wenn die Analyseergebnisse der KI zunehmend Einfluss auf strategische Entscheidungen nehmen. Es stellt sich die Frage, inwiefern man einer Maschine im Hochleistungssport vertrauen kann und wo die Grenze liegt. Die Frage, ob es vertretbar ist, die Intuition und Erfahrung des Trainers durch statistische Modelle und Analysen zu ergänzen – oder gar zu übergehen –, muss gestellt werden.

Im Folgenden wird der schmale Grat zwischen den Möglichkeiten und Risiken der KI im Coaching beleuchtet. Die Technologie birgt zweifellos Potenziale zur Leistungssteigerung. Dennoch bleibt der Trainer als Mensch mit seiner Erfahrung und seinen intuitiven Fähigkeiten ein wesentlicher Bestandteil des Erfolgs. KI wird meist als wertvolle Unterstützung verstanden, jedoch nicht als Ersatz für die Fähigkeit, in einem einzigartigen und oft unvorhersehbaren Umfeld wie dem Sport flexibel und emotional fundierte Entscheidungen zu treffen.

Taktik, Spielstrategie und Gegneranalyse im Profifußball

Im Profifußball wird KI zunehmend dafür genutzt, um taktische Spielstrategien und Gegneranalysen in einer Tiefe und Präzision zu verfeinern, die traditionelle Methoden weit übertreffen. KI-Systeme sind heute in der Lage, umfassende Daten über die Bewegungsmuster aller Spieler auf dem Spielfeld, die Formationen, die Ballbesitz-Phasen und sogar die individuellen Aktionen wie Pässe, Dribblings und Zweikämpfe zu erfassen und zu verarbeiten. Die Daten liefern dem Trainerteam wertvolle Einsichten, die bei der Planung und Durchführung von Trainingseinheiten, der Entwicklung von Spielstrategien sowie der gezielten Vorbereitung auf den nächsten Gegner von großem Nutzen sind.

Die *Taktikanalyse* spielt eine entscheidende Rolle bei der Spielvorbereitung und der strategischen Ausrichtung des Teams. Die Gegnerbeobachtung durch Trainer und Videoanalysten stellt nach wie vor eine wichtige Grundlage für die Ausrichtung und Spielweise eines Teams dar. Dabei werden Muster in der Spielweise des Gegners gesucht und auf Basis dieser Daten Anpassungen in der eigenen Spieltaktik vorgenommen. KI-basierte Systeme gehen jedoch einen Schritt weiter: Sie analysieren nicht nur die sichtbaren Muster, sondern auch komplexe Zusammenhänge und Wechselwirkungen, die menschliche Analysten oft nur schwer oder gar nicht wahrnehmen können. KI-Systeme erfassen beispielsweise auch, wie effektiv das eigene Team Räume schafft oder schließt, wie das Team in bestimmten Spielsituationen aufgestellt ist und welche Spieler besonders effektiv in spezifischen taktischen Rollen agieren. Die Analyse von Positionsdaten und Bewegungsmustern ermöglicht dem Trainerteam, die Effektivität von Taktiken auf dem Spielfeld in Echtzeit zu bewerten und gegebenenfalls Anpassungen vorzunehmen.

Ein Beispiel: Ein Team möchte im Spiel gegen einen Gegner mit starker Defensive gezielt auf erfolgsversprechede Angriffsmuster setzen. Die KI analysiert, wie die gegnerische Mannschaft auf bestimmte Spielsituationen reagiert, und schlägt vor, welche Laufwege und Passmuster für einen Angriff erfolgversprechend sind. Die Erkenntnisse können unmittelbar in die Trainingsplanung integriert werden, sodass die Spieler in ähnlichen Spielsituationen bereits auf der Grundlage von KI-generierten Empfehlungen reagieren können.

Im Gegensatz zu herkömmlichen Methoden, die auf Erfahrungen des Trainerstabs basieren, nutzt eine KI eine große Anzahl an Datenquellen und berechnet die wahrscheinlichsten Erfolgsmodelle für spezifische

Spielsituationen. So ist sie in der Lage, verschiedene Spielstrategien durchzuspielen und die Erfolgschancen eines bestimmten taktischen Plans gegen einen Gegner zu berechnen. Eine KI ist in der Lage, auf Basis der bisherigen Spiele detaillierte Muster zu identifizieren, beispielsweise typische Formationen, häufig verwendete Angriffspunkte oder Schwachstellen im Abwehrverhalten. Bei einem Gegner, der gerne auf eine schnelle Kontertaktik zurückgreift, könnte eine defensive Umstellung und die Vermeidung riskanter Vorstöße erfolgsversprechd sein. Im Training können diese Erkenntnisse in verschiedenen Szenarien getestet und verfeinert werden, sodass die Mannschaft optimal vorbereitet ist. Ein KI-System könnte aufzeigen, dass der gegnerische Torhüter beim Herauslaufen in bestimmten Winkeln Schwächen zeigt oder dass der Innenverteidiger in 1-gegen-1-Duellen statistisch häufiger Fehler macht. Auf Basis dieser Erkenntnisse kann das Trainerteam gezielt Taktiken entwickeln, um die Schwachstellen auszunutzen.

Während der Halbzeitpause oder in besonders kritischen Phasen des Spiels kann das Trainertem in Echtzeit auf KI-Empfehlungen zurückgreifen, um schnell taktische Änderungen vorzunehmen. KI-Systeme identifizieren nicht nur potenzielle Schwachstellen, sie unterbreiten auch Vorschläge für strategische Anpassungen.

In vielen Profivereinen wird die Gegneranalyse vor jedem Spiel so detailliert durchgeführt, dass Trainer und Spieler über die wichtigsten Schwachstellen und das Verhalten jedes einzelnen Gegenspielers informiert sind. Die Vorteile der KI-gestützten Algorithmen resultieren aus der Effizienz und Genauigkeit, mit der diese Verfahren arbeiten. Eine KI beitzt die Fähigkeit eine rießige Menge an Spieldaten zu verarbeiten, sowie die Möglichkeit, präzisere Analysen und Mustererkennungen zu liefern, die durch menschliche Beobachtung nicht möglich sind. Das beinhaltet auch, dass KI-Systeme nicht nur Hinweise im Vorfeld eines Spiels geben können, sondern auch während des Spiels die strategische Ausrichtung anpassen können.

Allerdings sind die Möglichkeiten der KI auch nicht unbegrenzt. Eine wesentliche Einschränkung besteht darin, dass sie Datenmuster verarbeiten muss, die auf vergangenen Spielen und Spielsituationen beruhen. Spielentscheidende Nuancen, wie beispielsweise der individuelle Einsatzwille eines Spielers oder die spontane Intuition, können durch die KI nicht vollständig abgedeckt werden. Ethische Fragestellungen ergeben sich, wenn KI-Systeme eine zu große Entscheidungsmacht erhalten. Der Trainer soll die finale Entscheidungsgewalt behalten und die Empfehlungen der KI nach seiner eigenen Erfahrung sowie dem situativen Bauchgefühl evaluieren und umsetzen.

Ein weiteres Problem stellt das Potenzial der Überanpassung dar. Eine zu starke Abhängigkeit von KI-Empfehlungen kann zu einer gewissen Vorhersehbarkeit führen und somit das Vertrauen des Trainerstabs und der Spieler in ihre eigenen Fähigkeiten mindern.

Der menschliche Trainer bleibt daher auch im Profifußball unverzichtbar, da er in der Lage ist, die notwendigen Abwägungen zu treffen und auch in unerwarteten Situationen flexibel zu handeln.

Bewegungsanalyse und Optimierung der Spielstrategie im Profibasketball

Im Profibasketball, insbesondere in der NBA, hat der Einsatz von KI das Coaching revolutioniert und ermöglicht einen umfassenden und detaillierten Einblick in die Spieler- und Mannschaftsleistung. Durch KI-gestützte Systeme können Trainer in Echtzeit auf wichtige Informationen zugreifen, die ihnen helfen, Taktiken zu optimieren, die Leistung einzelner Spieler zu maximieren und auf die Strategie des Gegners schnell und präzise zu reagieren.

Basketball ist ein besonders dynamisches Spiel, bei dem jede Sekunde von entscheidender Bedeutung sein kann. KI-Systeme analysieren die Bewegungen aller Spieler auf dem Spielfeld, ihre Positionierungen, Bewegungsmuster und Interaktionen. Mithilfe von Sensoren, Kameras und Tracking-

Systemen, die auf dem Spielfeld installiert sind, erfolgt eine Echtzeit-Aufzeichnung und -Auswertung. Die Daten liefern wertvolle Erkenntnisse über die Effizienz der Teampositionierung, die Nutzung von „freien" Räumen sowie die Bewegungen der Spieler im Zusammenspiel. Ein Beispiel: Erkennt die KI, dass ein bestimmter Spieler bevorzugt zum Dreipunktewurf ansetzt, wenn er von der rechten Seite angespielt wird, kann das Team dies bei der Verteidigungsstrategie berücksichtigen. Der Spieler kann bei Anspielen in diese Zone besonders eng gedeckt werden, um solche Würfe zu erschweren. Mithilfe dieser präzisen Analysen verbessert sich das Verständnis für die Spielweise des Gegners, sodass das Trainerteam gezielt gegensteuern kann.

Ein weites Einsatzgebiet ist die *Optimierung der Offensivstrategie*. KI-Systeme analysieren die bevorzugten Wurfpositionen und Passkombinationen einzelner Spieler und berechnen die Erfolgsaussichten bestimmter Spielzüge. Im Rahmen dessen erfolgt eine Bewertung der erfolgversprechendsten Aktionen, wie beispielsweise Dribblings, Pässe und Wurfversuche, in Abhängigkeit der jeweiligen Verteidigungssituation des Gegners.

In der NBA haben Teams wie die Houston Rockets und die Golden State Warriors den KI-Ansatz besonders erfolgreich eingesetzt, indem sie ihre Wurftaktiken auf mathematische Analysen und Wahrscheinlichkeiten stützten. Die Analysen ergaben, dass Dreipunktewürfe und Korbleger statistisch effizienter sind als Mitteldistanzwürfe. Das Team entschied sich daraufhin für eine Ausrichtung auf diese Vorgaben. Die KI erfasst nicht nur, welche Würfe am erfolgversprechendsten sind, sondern auch die besten Laufwege, um sich für diese Würfe freizuspielen, und liefert dem Trainerteam detaillierte Informationen zur optimalen Aufstellung.

Im Basketball sind *Defensivstrategien* ein entscheidender Faktor, da sie ein hohes Tempo und taktische Flexibilität erfordern. KI-Systeme analysieren die typischen Angriffsbewegungen des Gegners und identifizieren Muster, die bei der Defensivstrategie berücksichtigt werden können. Die KI kann Vorschläge dazu unterbreiten, wie bestimmte Spieler des gegnerischen Teams am effektivsten verteidigt werden sollten oder wie Räume geschlossen werden können, um den Gegner zu ineffektiven Würfen zu zwingen. Ein Beispiel: Ein Spieler, der als Top-Scorer bekannt ist, bevorzugt möglicherweise Drives zum Korb über die linke Seite. Die KI ist in der Lage, dies zu erkennen und empfiehlt darauf hin, diesen Spieler konsequent zur rechten Seite abzudrängen, wo er weniger gefährlich ist. Der Trainer kann die Defensive situativ anpassen und den Gegner zu weniger effektiven Würfen zwingen.

Neben taktischen Aspekten setzen NBA-Teams die KI auch zur ***Überwachung der Belastung und des Gesundheitszustandes*** ihrer Spieler ein. Die hohe Frequenz der Spiele in der NBA-Saison stellt eine enorme Belastung dar. Durch die Analyse von Bewegungs- und biometrischen Daten lassen sich Überlastungen frühzeitig erkennen und Verletzungen verhindern. Trainer erhalten Informationen über die muskuläre Ermüdung, die Herzfrequenzvariabilität oder das Erholungsniveau einzelner Spieler. So ist es ihnen möglich, individuell abgestimmte Trainings- und Regenerationspläne zu entwerfen. Als Beispiel folgendes Szenario: Zeigt die KI eine hohe Belastung eines Spielers in den vergangenen Spielen an und weisen diese Werte auf eine erhöhte Verletzungsgefahr hin, kann das Trainerteam die Einsatzzeit des Spielers reduzieren oder spezielle Regenerationsmaßnahmen im Trainingsprozess einplanen. Dadurch wird sichergestellt, dass die Spieler über die gesamte Saison hinweg fit bleiben und eine hohe Leistungsfähigkeit aufrecht halten.

Ein wesentliches Merkmal und großer Vorteil der KI-gestützten Analyse in der NBA ist die Fähigkeit zur Echtzeitanalyse während des Spiels. KI-Systeme sind in der Lage, Informationen in Sekundenbruchteilen zu verarbeiten und das Trainerteam über erforderliche Anpassungen in der Strategie oder Positionierung zu informieren. Diese Informationen unterstützen das Trainerteam bei der unmittelbaren Reaktion auf Veränderungen im Spielverlauf. Basierend auf der Erkenntnis, dass der Gegner in der letzten Viertelstunde eine bestimmte Zone besonders stark verteidigt hat, könnte das Team alternative Offensivaktionen über andere Spielbereiche ausprobieren. Die KI-Daten bieten den Trainern die Möglichkeit, ihre Spieler dazu anzuhalten, bestimmte Taktiken zu ändern, um die Schwächen des Gegners sofort zu nutzen oder Anpassungen vorzunehmen, die die eigene Verteidigung stärken.

Obgleich KI ein nützliches Instrument im Kontext des Basketball-Coachings darstellt, sind die Anwendungen auch mit gewisse Einschränkungen verbunden. Ihre Funktionsweise basiert auf der Analyse von Daten aus der Vergangenheit und statistischen Wahrscheinlichkeiten. Dies impliziert eine gewisse Unfähigkeit zur Berücksichtigung von unvorhersehbaren menschlichen Aspekten, wie beispielsweise Motivation, neue Spieler oder spontane Spielideen. Ein erfahrener Coach ist imstande, durch Intuition und Verständnis für den emotionalen Zustand seiner Spieler Entscheidungen zu treffen, die ein Algorithmus nicht ersetzen kann.

Des Weiteren besteht die Gefahr, dass Teams eine zu hohe Abhängigkeit von KI-Daten entwickeln und dadurch an Flexibilität verlieren. Eine ausschließlich auf KI-Empfehlungen basierende Strategie eines Teams macht dieses für den Gegner berechenbarer, da dieser ebenfalls KI einsetzen kann, um die Strategie vorherzusagen. Es entsteht gewissermaßen ein „virtueller Kampf" der Systeme um die erfolgsversprechendste Taktik!

Zusammenfassend lässt sich feststellen, dass KI im Profibasketball eine wertvolle Unterstützung für Trainer darstellt. Dies zeigt sich in präzisen Taktikanalysen, optimierten Offensiv- und Defensivstrategien sowie der Überwachung der Spielerauslastung, wodurch bessere Ergebnisse erzielt werden können. Dennoch bleibt der Mensch als entscheidender Faktor unverzichtbar, um die finale Entscheidung auf Basis von Intuition und der aktuellen Spieldynamik zu treffen. KI kann den Trainer nicht ersetzen, liefert ihm jedoch eine datenbasierte Grundlage, um fundierte und präzise Entscheidungen zu treffen und so die Leistung des Teams zu optimieren.

Bewegungs- & Schlaganalyse, Taktik und Spielmuster im Tennis

Ein weiteres Coaching Beispiel für den Einsatz von KI ist Tennis.

Im Profitennis wird Künstliche Intelligenz bereits sehr intensiv genutzt. KI-Systeme analysieren das Spielverhalten, die Technik und die physische Verfassung von Spielern und bieten so eine datengetriebene Grundlage für Trainingspläne und taktische Anpassungen während eines Matches. Im Gegensatz zu Team-Sportarten wie Basketball, bei denen ein komplexes Zusammenspiel analysiert wird, zielt KI im Tennis oft auf die Optimierung individueller Fähigkeiten und Taktiken ab, die für ein erfolgreiches Eins-gegen-Eins entscheidend sind.

Ein Aspekt ist die Untersuchung von Bewegungs- und Schlagtechniken. Mithilfe von Sensoren in Tennisschlägern und Kamerasystemen, welche das gesamte Spielfeld überwachen, analysiert man relevante Bewegungen. Dazu zählen der Stand des Spielers, seine Schläge sowie die Präzision der Ballplatzierung. Die Technologie erfasst eine große Anzahl an Daten, darunter zum Beispiel die Geschwindigkeit und der Winkel des Schlägers beim Schlag, die Ballrotation oder die Aufprallposition auf dem Schläger und auf dem Spielfeld. Dies ermöglicht eine äußerst präzise Bewertung der Technik.

Ein gutes Beispiel ist der Aufschlag. Die KI erkennt, ob der Spieler den Ball im optimalen Punkt trifft oder ob der Schlagwinkel angepasst werden sollte, um mehr Power oder Genauigkeit zu erzielen. Die Daten unterstützen Trainer und Spieler dabei, ihre Technik zu verfeinern und potenzielle Fehlerquellen zu minimieren.

Darüber hinaus ermöglichen KI-gestützte Systeme im Tennis taktische Analysen, die auf dem Spielverhalten des Spielers und seiner Gegner basieren. KI ist in der Lage, das Reaktionsverhalten eines Spielers auf verschiedene Schlagtypen, sein Verhalten bei langen Ballwechseln sowie die bevorzugten Angriffszonen auf dem Platz zu ermitteln. Die Informationen helfen Spielmustern und Schwächen zu identifizieren, welche als Grundlage für die Entwicklung gezielter Taktiken dienen. Wird zum Beispiel eine Schwächen in der Rückhand eines Spielers bei hohen Topspin-Bällen erkannt, kann der Trainer diese Information in das Training einfließen lassen, um die Rückhandschläge des Spielers zu verbessern. Auf der Basis von KI-Daten lassen sich spezifische Strategien entwickeln, wie der Spieler bei gegnerischen Aufschlägen oder Vorhandschlägen besser kontern kann, um gezielt Druck auszuüben.

Vor großen Matches oder Turnieren gehen KI-Systeme dem Verhalten von möglichen Gegnern auf den Grund, und erstellen ein Profil. Sie zeigen dessen bevorzugte Schläge, Schwachstellen und häufige taktische Züge. Der Spieler kann sich bereits im Vorfeld sehr gezielt auf das Match vorbereiten: Sollte der nächste Gegner dafür bekannt sein, dass er den Ball gerne aggressiv in die Vorhand des Gegenübers spielt, so kann sich der Spieler defensiv darauf einstellen oder aggressiv dagegenhalten. Auch das Serviceverhalten des Gegners wird von der KI untersucht. Erkennt das System, dass der Gegner eine Vorliebe für das Anspielen bestimmter Ecken hat, kann der Spieler seinen Return entsprechend anpassen und damit sofort Druck aufbauen.

Obwohl die KI im Tennis-Coaching große Fortschritte ermöglicht, gibt es natürlich auch hier wieder Grenzen. Die Tatsache, dass Tennis in erheblichem Maße von mentalen und psychischen Faktoren geprägt ist, erschwert die präzise Messung menschlicher Faktoren wie Konzentration und Stress. Des Weiteren ist es die Aufgabe des Trainers, die Spieler auch psychologisch auf schwierige Spielsituationen vorzubereiten und ein Gespür für die emotionale Verfassung des Athleten zu entwickeln. Das kann eine KI nicht leisten. Tennis ist ein Sport, der in hohem Maße durch spontane Entscheidungen geprägt ist. Ein Spieler muss mitunter riskante

Schläge in bedeutsamen Situationen wagen, wobei derartige Entscheidungen nicht durch KI-Vorhersagen abgedeckt sind. Daher ist ein erfahrener Coach nach wie vor unerlässlich, um diese Aspekte im Coaching zu integrieren und den Spieler auch abseits von Zahlen und Daten zu unterstützen.

Die KI hat das Coaching im Tennis revolutioniert, indem sie eine präzise Grundlage für Taktik, Technik und Belastungssteuerung bietet. Die datenbasierte Unterstützung stellt für Trainer und Spieler eine Bereicherung dar, da sie Einblicke ermöglicht, welche das traditionelle Coaching verbessern. Dennoch bleibt der Trainer mit seiner Intuition, Erfahrung und seinem Gespür für das Spiel und die Psyche des Athleten unersetzlich. Die optimale Förderung des Athleten auf einem neuen Niveau kann nur durch eine Symbiose von KI-gestütztem Wissen und der Erfahrung und emotionalen Intelligenz des Trainers gewährleistet werden.

Der Trainer der Zukunft

Die Frage, ob KI den "Trainer der Zukunft" definiert oder lediglich als Werkzeug dient, um seine Arbeit zu unterstützen, berührt zentrale Aspekte des modernen Coachings. Die Fragestellung rückt die Kernfunktion der KI und ihre Beziehung zur menschlichen Expertise in den Fokus und gibt Anlass zu spannenden Diskussionen über die Rolle des Trainers in einer zunehmend datengetriebenen Sportwelt. Derzeit wird KI in erster Linie als ein fortschrittliches Instrument betrachtet, das Trainern dabei hilft, ihre Athleten effektiver und präziser zu betreuen. Sie liefert umfassende, datengestützte Einblicke, die traditionelle Coaching-Methoden sinnvoll ergänzen und eine fundierte Entscheidungsgrundlage ermöglichen. KI ermöglicht die Analyse großer Datenmengen, wodurch Muster und Trends erkannt werden, die mit bloßem Auge nur schwer zu erfassen sind. Dies umfasst technische Aspekte wie Bewegungsanalysen, taktische Muster, physiologische Zustände und die gesamte Trainingssteuerung. Die objektive und datenbasierte Sichtweise bietet dem Trainer detaillierte Einblicke in die Leistung und Entwicklung seines Athleten.

Ein Trainer kann mit diesen Erkenntnissen individuelle Stärken und Schwächen gezielt angehen und den Fortschritt seiner Athleten fördern. Hier erfüllt die KI eine unterstützende Funktion und wird damit zu einem unverzichtbaren Werkzeug für datenbasiertes Coaching. Sie optimiert nicht nur den Trainingsprozess, sondern trägt auch dazu bei, das Verletzungsrisiko zu minimieren und die langfristige Leistungsentwicklung effektiv zu steuern.

Obgleich die genannten Vorteile vielversprechend sind, kann KI den Trainer jedoch nicht vollständig ersetzen. Ein wesentlicher Aspekt, der gegen eine vollständige Substitution des Trainers durch KI spricht, ist das Fehlen menschlicher Intuition und des emotionalen Verständnisses, welches im Sportcoaching von essenzieller Bedeutung ist. Insbesondere in Ausnahmesituationen, wie etwa bei großen Turnieren oder in entscheidenden Spielmomenten, ist die Fähigkeit eines Trainers gefragt, nicht nur die physischen und taktischen Bedürfnisse eines Athleten zu berücksichtigen, sondern auch seine mentale und emotionale Verfassung. Die Fähigkeit, auf die Stimmung eines Athleten einzugehen und ihm in Drucksituationen einfühlsam beizustehen, kann durch künstliche Intelligenz nicht gewährleistet werden.

Ebenso ist das psychologische Feingefühl eines Trainers erforderlich, um adäquate Motivationsstrategien zu entwickeln und die mentale Stärke des Athleten zu fördern. Ein Trainer muss in der Lage sein, auf spontane Änderungen und unvorhersehbare Spielverläufe zu reagieren. Dies erfordert Entscheidungen, die auf situativem Wissen und jahrelanger Erfahrung basieren und sich nicht mit Hilfe von Algorithmen vorhersagen lassen. Die emotionale Intelligenz, die ein Trainer mitbringt, bleibt somit essenziell und kann durch KI nicht substituiert werden.

Obgleich KI dazu imstande ist, große Datenmengen zu verarbeiten und daraus allgemeine Empfehlungen abzuleiten, zeigt sie sich oft als unfähig, komplexe oder nuancierte Situationen auf dem Spielfeld vollumfänglich zu erfassen. Der Trainer ist in der Lage, in einem Wettkampfkontext adäquat auf äußere Faktoren wie unerwartetes Gegnerverhalten, Druck oder körperliche Erschöpfung einzelner Spieler zu reagieren. Die KI hingegen trifft ihre Analysen und Vorhersagen rein datenbasiert und ist folglich nicht in der Lage, unvorhergesehene Umstände oder die wechselnde Dynamik eines Spiels zu erfassen und zu interpretieren.

Es sind die situative Anpassungsfähigkeit und die kreative Lösungskompetenz eines Trainers, die ihn besonders wertvoll machen. Diese Fähigkeiten lassen sich derzeit selbst mit fortschrittlichsten KI-Systemen nicht realisieren.

Ein weiterer Diskussionspunkt ist die Frage der ethischen Verantwortung im Sport. KI-generierte Vorschläge können Trainer bei ihren Entscheidungen unterstützen, die finale Verantwortung für Training, Wettkampfeinsatz oder Taktik liegt jedoch weiterhin beim menschlichen Trainer. Diese Entscheidungshoheit ist im Sport von entscheidender Bedeutung, da die KI zwar objektive Daten bereitstellt, die Werte und Zielsetzungen eines Teams oder die psychologische Betreuung eines Athleten jedoch weiterhin vom Trainer verantwortet werden müssen. Die Verantwortung für die langfristige körperliche und psychische Gesundheit des Athleten kann nicht vollständig delegiert werden und liegt somit weiterhin beim Trainer. Ohne menschliches Urteilsvermögen können Empfehlungen einer KI zu einem Übermaß an Belastung führen, da sie lediglich datengetrieben das Potenzial des Athleten maximieren will, ohne auf Erholungsphasen oder das subjektive Wohlbefinden einzugehen. Hier ist eine Kontrollinstanz gefordert, um die Empfehlungen der KI verantwortungsvoll in die Praxis umzusetzen.

Das Fazit kann daher eigentlich nur lauten: Die KI dient als Assistenzsystem und ist kein Ersatz, sondern sinnvolle und effektive Ergänzung. KI hat das Potenzial, ein Trainerteam zu verstärken, indem sie Analysen bereitstellt, die menschliches Wissen und Intuition sinnvoll ergänzen. Sie kann Informationen liefern, die Trainer und Athleten in ihrer Entscheidungsfindung unterstützen und das Training optimieren. Dabei ist sie jedoch lediglich ein Werkzeug. Der Trainer bleibt der entscheidende Akteur. In diesem Sinne stellt KI keine Bedrohung für seine Existenz dar, sondern vielmehr eine Erweiterung seines Werkzeugkastens.

Zuschaueranalyse & Fan-Interaktion

Im modernen professionalisierten Sport ist das Erlebnis der Zuschauer und die Beziehung der Fans zu ihrem Team zu einem wesentlichen Erfolgsfaktor geworden. Sowohl sportlich als auch wirtschaftlich! Die fortschreitende Digitalisierung und der Einsatz von Künstlicher Intelligenz (KI) eröffnen Sportorganisationen heute mehr Möglichkeiten denn je, um Fans anzusprechen, ihre Interessen zu verstehen und die Fan-Gemeinschaft durch personalisierte und interaktive Erlebnisse zu stärken. Insbesondere in populären Teamsportarten wie Fußball oder Basketball, die über ein breites und leidenschaftliches Publikum verfügen, kann KI dazu beitragen, die Verbindung zwischen Fans und Vereinen auf eine neue Ebene zu heben.

Im *Sportmarketing* bringt KI großes Potenzial mit sich, um das Fanerlebnis zu verbessern und die Interaktion zu intensivieren. Sie ermöglicht die präzise Erfassung und das bessere Verständnis für das Verhalten und die Vorlieben der Fans durch eine detaillierte Analyse von Daten, die während Spielen, in sozialen Medien oder auf digitalen Plattformen gesammelt werden. Die Vorhersage von Fan-Präferenzen ermöglicht den Vereinen, maßgeschneiderte Angebote und gezielte Werbekampagnen zu entwickeln. Individuelle Wünsche und Interessen werden berücksichtigt, damit die Fanbindung gestärkt wird.

Ein Paradebeispiel ist die *Zuschaueranalyse* während und nach einem Spiel. Mithilfe von KI werden Echtzeit-Daten wie Social-Media-Reaktionen, Ticketkäufe, Merchandise-Verkäufe und Fan-Interaktionen im Stadion und auf Online-Plattformen erfasst und verarbeitet. Dadurch lassen sich Veränderungen in der Begeisterung und Meinung der Fans feststellen. Diese Einblicke ermöglichen Vereinen und Ligen, wertvolle

Erkenntnisse darüber zu gewinnen, welche Inhalte und Formate die größte Resonanz erzeugen, welche Spielmomente besondere Aufmerksamkeit auf sich ziehen oder welche Spieler und Aktionen am beliebtesten sind.

Personalisierung ist zu einem der Schlüsselbegriffe im Marketing geworden, und Sportorganisationen nutzen KI, um Fans maßgeschneiderte Inhalte anzubieten. Durch Algorithmen, die Fanverhalten und Interessen erfassen, können Vereine und Ligen gezielt Inhalte erstellen, die Fans in ihren Interessen abholen – sei es durch personalisierte Spielzusammenfassungen, Benachrichtigungen über Lieblingsspieler oder auf den Fan zugeschnittene Kaufangebote. Auch Virtual Reality (VR) und Augmented Reality (AR) werden zunehmend genutzt, um immersive Erlebnisse zu schaffen, bei denen Fans die Spiele hautnah und auf innovative Weise erleben, selbst wenn sie nicht vor Ort im Stadion sind.

Ein zukunftsweisendes Beispiel sind *Chatbots*, die von KI-Systemen gesteuert werden und Fans vor, während und nach dem Spiel begleiten. Diese digitalen Assistenten können nicht nur einfache Fragen zu Spielzeiten und Ticketpreisen beantworten, sie geben personalisierte Tipps und Empfehlungen, die den Fans Updates zu ihren Lieblingsspielern liefern und sogar direkt mit ihnen in den sozialen Medien interagieren.

Bei all den neuen Möglichkeiten, die KI im Fan-Marketing und der Zuschaueranalyse eröffnet, stellt sich jedoch eine zentrale Frage:

Wie lässt sich die Privatsphäre der Fans schützen?

Da KI auf große Datenmengen angewiesen ist, um das Fanverhalten zu verstehen und Vorhersagen zu treffen, stehen Sportorganisationen vor einer wichtigen Herausforderung: Der verantwortungsvollen Nutzung dieser Daten. Der Datenschutz und die Wahrung der Privatsphäre sind in diesem Bereich entscheidend, denn es geht nicht nur um die Einhaltung gesetzlicher Vorgaben wie der Datenschutz-Grundverordnung (DSGVO), sondern auch um das Vertrauen der Fans. Fans müssen sicher sein können, dass ihre Daten nicht missbraucht werden und dass sie selbst darüber entscheiden können, welche Informationen gesammelt und analysiert werden. Ein transparenter Umgang mit Daten und die Einhaltung ethischer Standards sind daher unerlässlich, um Vertrauen zu gewinnen und langfristig aufrechtzuerhalten. Dabei rückt die Datenethik in den Fokus: Die Sportbranche muss sich damit auseinandersetzen, wie KI-gestützte Systeme zur Zuschaueranalyse die Autonomie und Selbstbestimmung der Fans beeinflussen. Dies wirft grundlegende Fragen auf, wie etwa:

Bis zu welchem Grad ist es sinnvoll und vertretbar, das Verhalten und die Vorlieben von Zuschauern zu analysieren?

Wie kann vermieden werden, dass durch die gezielte Personalisierung von Inhalten die Privatsphäre der Fans untergraben oder sie in eine bestimmte Richtung beeinflusst werden?

Hier bewegt sich die Sportbranche in einem Spannungsfeld zwischen technischen Möglichkeiten und ethischer Verantwortung, bei dem es gilt, eine Balance zu finden. Die Integration von KI im Fan-Marketing bietet Chancen, die weit über herkömmliche Methoden hinausgehen. Durch KI können Vereine und Ligen ihre Community auf eine neue, intensivere Weise ansprechen und ihnen personalisierte Erlebnisse bieten, die die Bindung zum Team und die Begeisterung für den Sport stärken. KI kann als Schlüsselinstrument dazu beitragen, Fans weltweit zu erreichen, selbst in entfernten Regionen, und das Erlebnis im Stadion und auf digitalen Plattformen immer weiter zu verbessern. Dennoch gehen die neuen Möglichkeiten auch mit einer großen Verantwortung einher. Der sorgsame und ethisch vertretbare Umgang mit den persönlichen Daten aller ist entscheidend, um das Vertrauen in die Technologie und die Sportorganisationen zu stärken.

Zuschaueranalyse: maßgeschneidert & personalisiert

Die Zuschaueranalyse nutzt KI, um individualisierte Inhalte und Angebote zu erstellen. Die Daten werden vor, während und nach den Spielen von den Fans generiert, beispielsweise in sozialen Medien, beim Ticketkauf, über Fan-Apps oder beim Kauf von Merchandise-Artikeln. So ergibt sich ein ein umfassendes Bild ihres Verhaltens. Zu den Daten, die erhoben werden, gehören beispielsweise Informationen zur Art und Häufigkeit der Besuche, zur Sitzplatzwahl, zur Anreise zum Stadion und zum Kauf von Premium- oder Saisontickets. Des Weiteren werden die Interaktionen auf Social Media analysiert, wobei die Häufigkeit von Likes, Shares, Kommentaren und geteilten Inhalten von Interesse sind. Während eines Spiels werden häufig emotional geladene Beiträge gepostet, kommentiert und geteilt. Sie zeigen Trends und Präferenzen in besonderem Maße auf.

Weitere Möglichkeiten, um an Daten zu gelangen, sind das Tracking des Nutzerverhaltens auf offiziellen Vereinsseiten und Apps. Hier wird festgehalten, wie lange sich Fans dort aufhalten, welche Inhalte sie konsumieren und welche Angebote oder Produkte sie aufrufen: Welche Videos (Highlights, Interviews, historische Spiele) auf der Vereinsseite oder Partnerplattformen besonders beliebt sind und wann Fans besonders aktiv sind. So ergibt sich eine breite und umfangreiche Datenbasis, die im zweiten Schritt aufbereitet und verarbeitet werden kann. Über KI werden diese in einem Prozess aufbereitet, der sowohl die qualitativen als auch die quantitativen Informationen filtert und analysiert: Zuschauer werden in verschiedene Segmente einteilen, z.B. nach Altersgruppen, Regionen oder Interessen (wie die Faszination für bestimmte Spieler oder Präferenzen für bestimmte Spielzeiten). Mithilfe von Machine-Learning-Algorithmen identifiziert die KI typische Verhaltensmuster – etwa ob Fans sich eher für Analysen, Interviews oder Highlights interessieren und ob sie eher Videos oder Bilder bevorzugen. Und auf der Basis historischer Daten entwickelt die KI prädiktive Modelle, die vorhersagen, wie die Nutzer in bestimmten Situationen reagieren – z.B. bei wichtigen Siegen, Transfers oder bei Marketing-Kampagnen.

Dies sind noch allgemeine Analysen und breit gefächerte Angebote. KI kann aber noch einen Schritt weiter gehen und personalisierte Inhalte und Angebote erstellen, Fans können gezielt angesprochen werden und so werden auf ihre Interessen abgestimmte Inhalte und Angebote geschaffen.

Das umfasst dann zum Beispiel:

- *Personalisierte News und Push-Benachrichtigungen*: Nutzer erhalten relevante Nachrichten direkt auf ihr Gerät, z.B. Spielankündigungen, Spielerinterviews oder exklusive Informationen zu ihrem Lieblingsteam oder -spieler.

- *Maßgeschneiderte Merchandise-Angebote:* Fans können spezielle Angebote erhalten, die auf ihren bisherigen Käufen basieren – z.B. limitierte Fanartikel, Frühbucher-Rabatte oder Erinnerungen zu Produkten, die sie zuvor angesehen, aber nicht gekauft haben.

- *Für Stadionbesucher, die häufig die Spiele verfolgen*, gibt es Sonderaktionen und Rabatte. Dazu gehören Rabatte auf Saisontickets, Vergünstigungen beim Catering oder exklusive Zugänge zu besonderen Events.

- Des Weiteren sind *virtuelle Erlebnisse und interaktive Inhalte* im Angebot. KI erweitert digitale Episoden durch virtuelle Touren im Stadion, digitale Meet-and-Greets oder personalisierte Videozusammenschnitte von Lieblingsspielern.

- *Segmentierte Werbekampagnen*: Über gezielte Anzeigen werden Fans, die bestimmte Spieler oder Aspekte des Spiels bevorzugen, mit passenden Inhalten angesprochen. Dies kann über Social Media, per E-Mail oder sogar über Videoplattformen geschehen.

Die Vorteile einer KI-gestützten Zuschaueranalyse liegen in einer stärkeren Bindung der Fans an den Verein. Maßgeschneiderte Inhalte und Angebote erzeugen ein Gefühl der Wertschätzung und der Verbundenheit mit dem Verein. Darüber hinaus können Marketingstrategien optimiert werden: Vereine nutzen die Daten, um ihre Kampagnen effizienter und zielgerichteter zu gestalten. Mit den zahlreichen Vorteilen kommen aber auch wichtige Herausforderungen für Vereine auf: Fans müssen sich sicher sein können, dass ihre Daten geschützt sind und sie jederzeit die Kontrolle über ihre Privatsphäre behalten. Ein transparenter Umgang mit Daten, der alle informiert und einbezieht, ist zentral, um Vertrauen aufzubauen und langfristig aufrechtzuerhalten.

Insgesamt bildet die KI-gestützte Zuschaueranalyse eine wesentliche Grundlage für moderne Fan-Interaktion. Sie ermöglicht nicht nur ein verbessertes und personalisiertes Erlebnis sondern hilft auch dem Verein, durch eine effizientere Marketingstrategie und die stärkere Fanbindung sportlich und wirtschaftlich erfolgreich zu bleiben.

Chatbots als interaktive Fanbegleiter

Chatbots bieten ihren Nutzern als interaktive Spielbegleiter ein völlig neues Erlebnis, indem sie umfassende Informationen und Unterstützung vor, während und nach dem Spiel liefern. Diese KI-gesteuerten Assistenten sind rund um die Uhr verfügbar und können eine breite Palette an Anfragen bearbeiten. Ihre Interaktionen sind auf die Bedürfnisse der Fans abgestimmt, um das Spielerlebnis auf eine personalisierte und direkte Art und Weise zu verbessern.

Bereits *vor Beginn das Spiel* versorgen Chatbots die Fans mit allen relevanten Informationen, die ihnen helfen, sich optimal vorzubereiten. Der digitale Assistent kennt Details zum Spieltag und beantwortet Fragen zur Anreise oder zur Ticketverfügbarkeit, liefert Vorberichte und weckt die

Vorfreude auf die Begegnung durch spannende Einblicke und Statistiken. Am Spieltag erinnert ein Chatbot an die genaue Spielzeit, was besonders bei Abend- oder Auswärtsspielen hilfreich ist. Die Funktion ist praktisch für Menschen mit vollen Terminkalendern, die einen kurzen Überblick über Spielbeginn und Ankunftszeiten benötigen. Dabei erhalten Nutzer auch Informationen zur besten Anreiseoption, ob sie nun mit öffentlichen Verkehrsmitteln oder mit dem eigenen Fahrzeug anreisen. Der Bot kann sogar personalisierte Updates zu Verkehrsbehinderungen oder zur Parkplatzsituation am Stadion bereitstellen.

Ticketkäufe lassen sich bequem über einen Chatbot abwickeln: Er bietet Echtzeitinformationen zur Verfügbarkeit, zu Preisen und zu Stadionplätzen. Fans können Sitzplätze auswählen, die ihrem Budget oder ihren Vorlieben entsprechen, und erhalten eine genaue Übersicht über die verschiedenen Zonen im Stadion. Besonders für große Events oder internationale Begegnungen sind solche Informationen nützlich, um im Vorfeld den perfekten Platz zu finden.

Viele Fans schätzen detaillierte Vorhersagen und Statistiken, die vorab Aufschluss über den möglichen Spielverlauf geben können. Ein Chatbot kann aktuelle Analysen liefern, die von der Formkurve des eigenen Teams bis hin zu den Stärken und Schwächen des Gegners reichen. Oft werden diese Informationen mit Daten und historischen Werten kombiniert, sodass man eine Idee über eine mögliche Teamstrategie erhält. Chatbots bieten einen tiefen Einblick in Spielerprofile: Zuschauer, die sich für bestimmte Spieler interessieren, können deren Profile abrufen, die mit saisonalen Statistiken, Erfolgen und aktuellen Formdaten angereichert sind. Auch spannende Vergleiche zwischen Spielern oder Mannschaften lassen sich darstellen, was ein tieferes Verständnis für den anstehenden Wettbewerb vermittelt. Diese Informationen machen die Vorbereitung auf das Spiel umfassender und spannender, indem sie statistische Fakten, historische Rekorde und Einschätzungen von Experten kombinieren.

Chatbots wissen, dass die Vorfreude auf ein Match oft von den historischen Highlights und spannenden Momenten lebt, die Teams in früheren Begegnungen geboten haben. Die Fans können sich Pre-Game-Highlights anzeigen lassen, die frühere Siege, besondere Leistungen einzelner Spieler oder klassische Momente zwischen den beiden Teams hervorheben. Auch historische Daten, wie bisherige Trefferquoten oder besonders umkämpfte Partien, werden zusammengestellt und aufbereitet, um den Kontext des Spiels zu beleuchten.

Neben diesen allgemeinen Informationen können Zuschauer spezifische Fragen stellen, die auf ihre persönlichen Interessen abgestimmt sind. So ist es beispielsweise möglich, nach einer bestimmten Spielerstatistik zu fragen, etwa nach der Anzahl der Tore, die ein Spieler in der aktuellen Saison erzielt hat, oder nach dem Fitnessstatus eines Schlüsselspielers, der kürzlich verletzt war. Fans erhalten dann genau die gewünschten Informationen, ohne lange suchen zu müssen.

Während des Spiels können Zuschauer in Echtzeit über die aktuellen Geschehnisse auf dem Platz auf dem Laufenden gehalten werden, sei es im Stadion oder am Fernseher. Dazu gehören Live-Statistiken sowie interaktive Elemente. Insbesondere für Nutzer, die das Spiel lediglich über Radio oder einfachen Livestream verfolgen, stellen Zusatzinformationen eine wertvolle Möglichkeit dar, um das Spielgeschehen besser nachvollziehen zu können.

Ein weiteres Highlight ist die Möglichkeit, detaillierte Einblicke in die Leistung einzelner Spieler zu erhalten. Der Chatbot präsentiert beispielsweise Daten zu erfolgreichen Dribblings, Ballkontakten und Zweikämpfen eines Spielers. Diese Informationen vermitteln einen detaillierten Eindruck vom Spielverlauf und helfen, die Dynamik auf dem Feld besser zu verstehen. In speziellen Fällen ist der Chatbot sogar in der Lage, taktische Erläuterungen zu Spielentscheidungen zu geben, beispielsweise warum ein Spieler ausgewechselt wurde oder wie sich eine bestimmte Aufstellung auf das Spielgeschehen auswirkt.

Für alle, die eine interaktivere Spielerfahrung wünschen, bieten moderne

Chatbots spezielle Funktionen an, die das Spiel zu einem aktiven Erlebnis machen. Über Quizfragen haben Fans die Möglichkeit, ihr Wissen zu testen und Prognosen zum weiteren Spielverlauf abzugeben. Diese Elemente machen das Spiel nicht nur informativer, sondern fördern auch den Spaß am Mitfiebern und die persönliche Einschätzung. Ein Beispiel für eine solche Interaktion wäre die Frage an die Fans, ob sie glauben, dass das Team bald trifft, nachdem eine wichtige Spielsituation wie eine ausgebliebene Torchance oder ein Elfmeter verpasst wurde. Die Interaktionen verleihen dem Geschehen eine persönliche Note und ermöglichen eine stärkere Teilnahme am Spiel. Ein weiteres spannendes Feature sind in diesem Zusammenhang auch Umfragen, die Fans während des Spiels einladen, bestimmte Entscheidungen zu bewerten oder ihre Meinung zur aktuellen Aufstellung abzugeben. Solche Umfragen könnten sich auf die Leistung des Trainers, die taktische Ausrichtung oder die aktuellen Wechsel beziehen. Ein Beispiel könnte sein: „Wie bewertest Du die Auswechslung in der 65. Minute?" Fans können daraufhin ihre Meinung abgeben und die Ergebnisse dieser Umfragen werden im Anschluss an das Spiel veröffentlicht und diskutiert. So wird der Chatbot zu einem zentralen Austauschpunkt für alle, die sich über ihre Eindrücke und Meinungen zum Spielgeschehen austauschen möchten.

Chatbots bieten während des Spiels eine umfassende und interaktive Unterstützung. Sie sind mehr als nur Informationsquellen: Sie bieten eine Mischung aus Echtzeit-Statistiken, historischen Einordnungen und interaktiven Elementen, die das Spiel zu einem ganzheitlichen Erlebnis machen. Ob durch spannende Quizfragen, interaktive Umfragen oder direkte Interaktion mit anderen Fans – der Chatbot ermöglicht allen, Teil des Spiels zu sein und das Geschehen aus erster Hand und in all seinen Facetten mitzuerleben. So wird die gesamte Spielzeit über zu einem besonderen Erlebnis, das die Verbindung der Fans zu ihrem Team intensiviert und ihnen ein einzigartiges Gefühl der Beteiligung gibt.

Nach dem Schlusspfiff wird der Chatbot zur zentralen Anlaufstelle für eine umfassende Nachbetrachtung und bietet eine Vielzahl an Möglichkeiten, um das Spiel im Detail nachzuerleben und zu analysieren. Die Minuten und Stunden nach dem Spiel werden zu eine Phase der Reflexion und des Austauschs, die es erlaubt, noch einmal intensiv in die Ereignisse einzutauchen.

Für viele sind die individuellen Leistungen der Spieler von besonderem Interesse. Detaillierte Spielerstatistiken bieten jedem die Möglichkeit, die Performance einzelner Spieler genau unter die Lupe zu nehmen. Ein Fan könnte zum Beispiel spezifische Fragen stellen, etwa nach der Laufleistung eines Spielers, nach seinen gewonnenen Zweikämpfen oder seiner Passgenauigkeit. Auch die Performance der Torhüter, Abwehraktionen oder Offensivbemühungen können genau analysiert werden. Welche Spieler haben sich besonders hervorgetan, warum wurde ein bestimmter Spieler als „Spieler des Spiels" ausgezeichnet? Durch diese Funktion wird der Chatbot zu einem Werkzeug, das es den Fans erlaubt, sich eine eigene Meinung zu bilden und die Leistung ihres Teams und ihrer Lieblingsspieler kritisch zu betrachten.

Wer sich noch tiefer in das Spielgeschehen einarbeiten möchte, hat oft Interesse an den Stimmen und Einschätzungen der Spieler, Trainer und Experten. Viele Chatbots bieten nach dem Spiel Links zu Interviews, Pressekonferenzen oder direkt eingebettete Videos, die Einblicke hinter die Kulissen geben. So können alle Interessierten die Gedanken des Trainers zur Taktik oder die Emotionen der Spieler unmittelbar nach dem Abpfiff erleben. Expertenanalysen und Kommentare helfen, das Spiel aus einer neuen Perspektive zu verstehen, und runden das Nachspiel-Erlebnis ab. Diese Hintergrundinformationen vermitteln nicht nur Eindrücke von den Beteiligten, sondern geben oft auch neue Anhaltspunkte für Einschätzungen und Diskussionen.

Ein Chatbot kann nach dem Spiel die Rolle eines virtuellen Nachspielplatzes einnehmen auf dem die Fans alle Aspekte des Spiels noch einmal reflektieren und erleben können. Die Verbindung aus Spielbericht, Spieleranalyse, Interviews und interaktiven Umfragen schafft ein umfassendes Erlebnis, das weit über die reine Information hinausgeht. Der Chatbot stärkt so die Bindung zum Team und ermöglicht, das Spielgeschehen im Detail zu analysieren und zu diskutieren.

Die Vorteile KI-gestützten Chatbots sind vielseitig: Fans erhalten unmittelbaren Zugang zu Informationen, ohne lange suchen zu müssen, und erleben das Spiel dadurch intensiver. Durch die kontinuierliche Anpassung an die Interessen fühlen sich Nutzer stärker mit dem Team verbunden. Chatbots entlasten die Marketing- und Supportteams, indem sie Routineanfragen automatisieren und dennoch auf hohem Niveau interaktiv sind.

Mit den Vorteilen kommen aber auch wieder die bereits angesprochenen Herausforderungen, insbesondere in den Bereichen Datenschutz und Ethik. Da Chatbots oft Zugang zu persönlichen Daten haben, ist es wichtig, dass die Privatsphäre aller respektiert wird und eine transparente Aufklärung über die Datenverarbeitung erfolgt. Sensible Daten sollten geschützt werden, und Fans sollten die Wahl haben, welche Daten sie mit dem Chatbot teilen möchten.

Insgesamt zeigen KI-gesteuerte Chatbots eine vielversprechende Zukunft für die Interaktion zwischen Fans und Vereinen. Sie bieten ein interaktives, personalisiertes Erlebnis und helfen Vereinen, ihre Community enger an sich zu binden.

Datenschutz und Datenethik

Bis zu welchem Grad ist es sinnvoll und vertretbar, Daten über das Verhalten und die Vorlieben von Zuschauern zu sammeln, zu speichern und zu verarbeiten?

Wie kann vermieden werden, dass durch die gezielte Personalisierung von Inhalten die Privatsphäre der Nutzer untergraben oder sie in eine bestimmte Richtung beeinflusst werden?

Hier bewegt sich die Sportbranche in einem Spannungsfeld zwischen technischen Möglichkeiten und ethischer Verantwortung, bei dem es gilt, eine Balance zu finden. Die Analyse von Fan-Verhalten bietet auch im Sportbereich neue Chancen zur Verbesserung der Fan-Interaktion, sie wirft aber auch erhebliche Fragen zum Datenschutz, zur Datenethik und zu Persönlichkeitsrechten auf. Die Digitalisierung und das zunehmende Potenzial von Künstlicher Intelligenz (KI) erlauben es Vereinen und Organisationen, tiefe Einblicke in die Präferenzen und Verhaltensweisen ihrer Fans zu gewinnen.

Einer der zentralen Aspekte ist der Datenschutz. Im Zuge von KI-gestützten Analysen werden große Mengen an persönlichen Informationen, wie etwa Vorlieben, Interaktionen in sozialen Medien oder Kaufverhalten, gesammelt. Hier stellt sich die Frage: Welche Daten dürfen erhoben werden, und wie werden diese gespeichert und verarbeitet? Datenschutzgesetze wie die europäische Datenschutz-Grundverordnung (DSGVO) setzen strenge Richtlinien, um den Missbrauch persönlicher Daten zu verhindern. Fans müssen ausdrücklich in die Sammlung und Nutzung ihrer Daten einwilligen, und es muss transparent dargelegt werden, wofür ihre Daten verwendet werden. Hier liegt jedoch ein Risiko darin, dass Datenschutzrichtlinien oft unübersichtlich und für viele schwer verständlich formuliert sind. Transparenz bedeutet also nicht nur Offenlegung, sondern auch die Verpflichtung, in einfacher, verständlicher Weise zu informieren. Um die Privatsphäre aller zu schützen, sollte vom Verein stets das Prinzip der Datenminimierung verfolgt werden. Das bedeutet, dass nur die für einen bestimmten Zweck wirklich notwendigen Daten erhoben werden. Dies stellt sicher, dass nicht zu viele Informationen gesammelt werden und die Fans nicht das Gefühl haben, permanent beobachtet oder überwacht zu werden. Daher müssen sie auch die Möglichkeit haben, ihre Daten löschen zu lassen. Vereine und Organisationen stehen hier in der Verantwortung. Sie müssen sicherstellen, dass Daten, die nicht länger relevant oder gewünscht sind, gelöscht werden können. Dies bedeutet jedoch auch, dass komplexe technische Maßnahmen erforderlich sind, um die Entfernung in allen verbundenen Systemen zu gewährleisten.

Risikofaktor Personalisierung: Das Risiko der Filterblase

Die personalisierte Ansprache von Zuschauern sollte darauf abzielen, das Fan-Erlebnis zu verbessern und nicht dazu, ihr Verhalten zu manipulieren. Hier besteht die Gefahr, dass KI dazu missbraucht wird, Fans subtil in eine bestimmte Richtung zu lenken. Eine ethische Nutzung bedeutet auch, dass alle die Kontrolle darüber behalten, was sie konsumieren und welche Informationen sie erhalten. Eine zu starke Personalisierung im Sportmarketing birgt das Risiko, Fans in eine „Filterblase" zu leiten. Wenn KI nur jene Inhalte zeigt, die auf bisherigen Vorlieben basieren, werden die Nutzer automatisch von Informationen und Inhalten ausgeschlossen, die außerhalb ihrer bevorzugten Themen liegen. Dies könnte langfristig die Interessenvielfalt einschränken und die Wahrnehmung der Marke oder des Vereins einseitig prägen. Vielfalt fördern statt einengen: Ein ethisch vertretbares System sollte sicherstellen, dass Fans auch Zugang zu Inhalten erhalten, die nicht nur auf ihren bisherigen Präferenzen beruhen. So bleibt das Erlebnis vielfältig und anregend und das Risiko einer einseitigen Wahrnehmung wird verringert. Der Fan sollte die Wahl haben, welche Inhalte er sehen möchte, und nicht unbemerkt durch eine Filterung „vorsortiert" werden.

Jeder hat das Recht auf Privatsphäre und die Freiheit, seine Interaktion mit Vereinen oder Sportevents nach eigenen Vorstellungen zu gestalten, ohne das Gefühl einer ständigen Überwachung. Wichtig sind die Freiheit und der Respekt gegenüber dem Fan: Er sollte die Möglichkeit haben, persönlichen Daten für bestimmte Anwendungen abzulehnen, ohne dass dies das Erlebnis maßgeblich beeinträchtigt. Der Verein muss respektieren, wenn eine weniger individuelle Ansprache bevorzugt wird und Nutzer ihre persönlichen Daten nicht in Analysen einfließen lassen möchten.

Datenschutz, Ethik und Fanerlebnis in Einklang bringen

Sportvereine und Organisationen haben eine Verantwortung gegenüber ihren Fans, die weit über die bloße Einhaltung von Datenschutzgesetzen hinausgeht. In der Praxis bedeutet das, dass sie nicht nur die gesetzlichen Rahmenbedingungen einhalten müssen, sondern auch eine eigene ethische Richtlinie entwickeln sollten, die dem Schutz der Privatsphäre und den Werten des Sports gerecht wird. Verantwortliche Datennutzung als Teil der Markenidentität: Vereine, die Datenschutz und Datenethik ernst nehmen, können dies als Teil ihrer Identität und ihres Images etablieren. Fans schätzen Marken, die transparent und verantwortungsbewusst mit ihren Daten umgehen. Dies kann auch das Vertrauen in die Marke und die langfristige Loyalität der Fans fördern.

Organisationen müssen sicherstellen, dass alle Mitarbeiter und insbesondere diejenigen, die mit Fan-Daten arbeiten, geschult und für den verantwortungsvollen Umgang mit sensiblen Daten sensibilisiert sind. Eine transparente und ethische Datenkultur in der Organisation trägt dazu bei, die Balance zwischen Fortschritt und Verantwortung zu finden.

Wie viel Information über Zuschauer sollte wirklich genutzt werden?

Welche Daten sind notwendig, um den gewünschten Mehrwert zu schaffen, und wo wird die Grenze überschritten?

Ein großer Vorteil der KI-gestützten Fan-Interaktion ist die Möglichkeit, jedem genau die Inhalte zu bieten, die für ihn am interessantesten sind. Dies kann jedoch schnell zu einer Überpersonalisierung führen, bei der Fans das Gefühl haben könnten, ständig beobachtet oder beeinflusst zu werden. Gerade in der Sportbranche, in der Vertrauen und Authentizität eine zentrale Rolle spielen, muss deshalb darauf geachtet werden, dass die Privatsphäre gewahrt bleibt. Ein Chatbot, der Fans wertvolle Informationen liefert und gleichzeitig klare Grenzen respektiert, kann langfristig das Vertrauen und die Loyalität in den Verein stärken. Es geht darum, ein Gleichgewicht zu finden, bei dem Fans die Vorteile der

Technologie genießen können, ohne das Gefühl zu haben, in ihrer Freiheit eingeschränkt zu werden. Um dieses Ziel zu erreichen, sind Transparenz und Kontrolle entscheidend.

Letztlich wird es für die Sportbranche darauf ankommen, eine Balance zwischen technischer Innovation und ethischer Verantwortung zu finden. KI bietet zweifellos enorme Chancen, das Spiel-Erlebnis zu bereichern und die Bindung der Fans an ihre Lieblingsteams zu stärken. Doch es ist genauso wichtig, diese Technologien mit Bedacht und Respekt für die Privatsphäre einzusetzen.

Langfristig kann eine Balance auch als Vorbild für andere Branchen dienen, die sich mit ähnlichen Herausforderungen auseinandersetzen. Wenn die Sportbranche zeigt, dass KI-Technologien verantwortungsbewusst genutzt werden können, kann sie eine Vorreiterrolle in der ethischen Anwendung digitaler Technologien einnehmen und gleichzeitig eine bereichernde und respektvolle Interaktion bieten.

Was bringt die Zukunft der KI im Sport?

Die Zukunft des Sports könnte von Technologien geprägt sein, die heute noch wie Science-Fiction anmuten. Künstliche Intelligenz, neuronale Schnittstellen, Virtual Reality und andere innovative Entwicklungen bieten das Potenzial, die Art und Weise, wie Sportler trainieren, wie Spiele analysiert werden und wie Fans Sportevents erleben, fundamental zu verändern. Im Folgenden werfen wir einen kleinen Blick auf mögliche Zukunftsszenarien, die mit dem Fortschritt von KI und anderen bahnbrechenden Technologien im Sport Realität werden könnten.

Neuronale Schnittstellen: Der Weg zur Mensch-Maschine-Verbindung

Neuronale Schnittstellen, auch bekannt als Brain-Computer-Interfaces (BCIs), eröffnen im Sport faszinierende Zukunftsszenarien. Diese Technologie ermöglicht es, Gehirnaktivitäten direkt mit digitalen Geräten zu verbinden, wodurch ein direkter Informationsfluss zwischen Gehirn und Maschine entsteht. Im Sport könnten neuronale Schnittstellen dazu beitragen, die Leistung von Athleten auf eine völlig neue Ebene zu heben. Die Verbindung neuronaler Signale mit digitalen Systemen könnte es Sportlern erlauben, nicht nur ihre physischen Bewegungsabläufe, sondern auch ihre mentale Stärke und Konzentrationsfähigkeit zu beeinflussen. In komplexen Sportarten wie Turnen, Tanz oder Kampfsport, die eine exakte und kontrollierte Bewegungsabfolge erfordern, könnten sie dazu beitragen, dass Athleten ihre Bewegungen nicht nur gezielter ausführen, sondern auch leichter und effizienter lernen. Durch das Training erhöhen Athleten ihre neuronale Anpassungsfähigkeit, was wiederum zu einer schnelleren und nachhaltigeren Verinnerlichung komplexer Bewegungsabläufe führt. Damit eröffnet sich die Möglichkeit, Bewegungsmuster durch Echtzeit-Feedback zu verbessern und Feinjustierungen gezielt vorzunehmen. In Disziplinen wie Sprint, Fechten oder Tischtennis, bei denen Sekundenbruchteile über Sieg oder Niederlage entscheiden, schafft eine verbesserte Reaktionsfähigkeit enorme Wettbewerbsvorteile. Durch eine verbesserte Muskelativierung und Entspannung werden Bewegungen fließender und benötigen weniger Energie. Das ist dann nicht nur im Wettkampf von Vorteil, sondern begünstigt auch die Regeneration, da gezieltes Muskelmanagement die Erholungsphasen verbessert und das Verletzungsrisiko reduziert. Da BCIs in der Lage sind, die mentale und körperliche Belastung eines Athleten in Echtzeit zu überwachen, könnten sie gezielt warnen, wenn Überlastungssymptome auftreten. Das Echtzeit-Feedback hilft Trainern und Athleten, Trainingspläne und Intensität individuell anzupassen und eine Überbeanspruchung zu vermeiden. Insbesondere in Sportarten mit hohen Trainingsvolumina trägt das dazu bei, die körperliche und mentale Gesundheit langfristig zu schützen.

Die Grenze der menschlichen Leistungsfähigkeit würde sich durch die neue Technologie weiter verschieben. Gleichzeitig treten natürlich ethische Fragen auf. Die Abhängigkeit von BCIs und die kontinuierliche Datenerfassung über mentale und körperliche Zustände wirft Fragen zum Schutz der Privatsphäre auf. Die Herausforderung besteht darin, sicherzustellen, dass neuronale Schnittstellen im Sport gezielt und verantwortungsbewusst eingesetzt werden und dabei die Autonomie und Privatsphäre der Athleten respektiert wird.

Neuronale Schnittstellen bieten zweifellos faszinierende Potenziale, die auf ein revolutionäres Level des Trainings, der Erholung und des mentalen Managements hinauslaufen könnten. Die Integration solcher Technologien wird jedoch Fingerspitzengefühl und eine durchdachte ethische Grundlage erfordern, um sicherzustellen, dass der Mensch im Mittelpunkt bleibt und die Technologie zu einem wertvollen Werkzeug für nachhaltigen und gesundheitsfördernden Sport wird.

Virtual Reality und Mixed Reality: Trainingserlebnis der nächsten Generation

Virtual Reality (VR) und Mixed Reality (MR) haben in den letzten Jahren bereits Einzug in verschiedene Sportarten gehalten, etwa um Athleten in ausgewählte Spielsituationen zu versetzen oder ihnen visuelle Analysen zur Verfügung zu stellen. Doch die Zukunft dieser Technologien könnte VR und MR weit über das hinausführen, was derzeit möglich ist.

Stellen wir uns vor, ein Basketballspieler taucht mit VR in eine realistische 3D-Simulation ein, die es ihm ermöglicht, ein bevorstehendes Spiel in unterschiedlichen Szenarien mehrfach im Voraus zu „durchleben". Solche Simulationen könnten Gegnerstrategien oder bestimmte Spielsituationen durchspielen lassen und so die Entscheidungsfähigkeit trainieren, bevor der Athlet die reale Spielsituation erlebt. In einem solchen Szenario testen Athleten potenzielle Angriffs- oder Verteidigungsstrategien und können in einem sicheren Umfeld gezielt daran arbeiten, diese Techniken zu verfeinern.

Auch Fans profitieren von VR: Zuschauer mit VR-Headsets tauchen live in das Spielfeld ein und erleben das Spiel aus der Perspektive ihrer Lieblingsspieler. Klingt faszinierend! Sportfans verbinden sich durch diese Technologie tiefer mit dem Spiel und den Athleten, die Sportereignisse werden in einer ganz neuen Intensität erlebt. Für das Sportmarketing eröffnet VR damit völlig neue Möglichkeiten der Fan-Interaktion und -bindung.

Virtuelle Replikationen

Mit der Weiterentwicklung von Simulationstechnologien erstellen wir sogenannte „digitale Zwillinge" von Sportlern und Spielumgebungen: Ein digitaler Zwilling ist eine virtuelle Kopie eines physischen Objekts oder einer Umgebung. Diese digitalen Zwillinge bilden jeden Aspekt der Physis und Leistung ihres „Vorbildes" ab – von der Herzfrequenz und Muskelspannung bis zur biomechanischen Analyse von Bewegungs-

115

abläufen. Sie helfen Trainern und Sportwissenschaftlern die Leistungsfähigkeit und das Verletzungsrisiko eines Athleten kontinuierlich zu
analysieren und zu bewerten. Mit den Zwillingstechnologien ließe sich
beispielsweise simulieren, wie ein Athlet auf verschiedene Trainingsprogramme oder Belastungen reagiert, bevor diese real umgesetzt werd-
en. Das ermöglicht dann sehr individuelle Trainingspläne, die an das
„virtuelle Ich" angepasst sind und so die Stärken fördern und Schwächen
reduzieren.

Darüber hinaus könnten durch solche Simulationen auch Veränderungen
in der Ausrüstung virtuell getestet werden. Wenn neue Schuhe, Helme
oder Kleidungsstücke mit digitalem Feedback analysiert werden, kann
das Entwicklungsteam an der Optimierung arbeiten, ohne dass der Athlet
selbst getestet wird.

Quantencomputing und seine potenziellen Anwendungen im Sport

Quantencomputing ist eine noch relativ neue Technologie, aber sein
Potenzial, die KI-Leistung zu revolutionieren, ist enorm. Während herkömmliche Computer auf Bit-Ebene arbeiten und damit nur binäre Entscheidungen (0 und 1) treffen, bildet Quantencomputing eine Vielzahl
von Zuständen gleichzeitig ab und eröffnet damit die Möglichkeit, extrem
komplexe Probleme in kürzester Zeit zu lösen. Diese Fähigkeit bietet vor
allem in den Bereichen Simulation und Datenanalyse großes Potenzial für
entscheidende Fortschritte.

Mit Quantencomputern können Simulationen, die bisher Tage oder
Wochen in Anspruch nahmen, in wenigen Minuten durchgeführt werden.
Stell Dir vor, wie ein Quantencomputer in der Lage wäre, die perfekte
Schlagtechnik oder die ideale Lauftechnik eines Athleten durch Millionen
von Berechnungen in kürzester Zeit zu verbessern.

Auch in der Analyse und Verarbeitung riesiger Datenmengen aus
Wearables und Sensoren, die Athleten heutzutage am Körper tragen,

schafft Quantencomputing neue Einblicke. Mit der Fähigkeit, Datenmengen im Petabyte-Bereich auszuwerten, entdeckt Quantencomputing tiefere Muster in Daten, die mit herkömmlichen Methoden unzugänglich sind. Die so gewonnenen Erkenntnisse verbessern nicht nur die sportliche Leistung, sondern ermöglichen dann auch eine präzisere und individuellere Analyse des gesundheitlichen Zustands eines Athleten.

Die ethische Frage: Der Einfluss auf die Fairness im Sport

Die Möglichkeit, durch fortgeschrittene Technologien wie KI, Quantencomputing oder neuronale Schnittstellen in das sportliche Umfeld einzugreifen, bringt natürlich zahlreiche ethische Fragen mit sich. Schon heute ist der technologische Vorteil, den einige Athleten gegenüber anderen haben, umstritten. Wenn KI-gestützte Technologien dazu führen, dass bestimmte Sportler oder Teams durch besseren Zugang zu solchen Technologien einen klaren Wettbewerbsvorteil erhalten, wird die Frage nach der Fairness unausweichlich.

Auch im Hinblick auf die Entscheidungsautonomie und persönliche Freiheit könnte die Zukunft des Sports durch KI infrage gestellt werden. Ein zunehmend „datengetriebenes" Sportumfeld kann dazu führen, dass Athleten unter Druck geraten, ihre persönlichen Daten zur Optimierung ihrer Leistung preiszugeben. Dabei besteht die Gefahr, dass ihre Autonomie und Privatsphäre gefährdet wird, da sie dem Druck ausgesetzt sein könnten, ihre Daten zu teilen, um die gleichen Wettbewerbsbedingungen wie andere Athleten zu genießen.

Um die sportliche Fairness zu wahren, müssen strenge Reglementierungen und ethische Richtlinien für den Einsatz von KI im Sport entwickelt werden. Sportverbände und Organisationen stehen vor der Herausforderung, Regeln zu erarbeiten, die eine Balance zwischen technologischer Innovation und sportlicher Fairness gewährleisten. Dazu gehört, dass bestimmte Technologien, die einen ungleichen Vorteil bringen, nur begrenzt zugelassen oder reglementiert werden.

Zudem wird es wichtig sein, klare Regelungen für den Datenschutz und die persönliche Entscheidungsfreiheit der Athleten zu schaffen. Da KI zunehmend in der Lage sein wird, umfassende Informationen über die Leistungsfähigkeit und den Gesundheitszustand eines Athleten zu liefern, ist der Schutz dieser Daten ein wesentlicher Bestandteil der ethischen Verantwortung im Sport. Klare und verbindliche Richtlinien, die sicherstellen, dass Athleten frei entscheiden können, wie ihre Daten verwendet werden, sind dabei unerlässlich.

Die Zukunft der KI im Sport bietet ein enormes Potenzial, aber auch eine große Verantwortung. Technologische Fortschritte wie neuronale Schnittstellen, fortschrittliche Simulationen und Quantencomputing könnten den Sport auf eine neue Stufe heben und die Leistung von Athleten bis an die Grenze des Möglichen optimieren. Es ist wahrscheinlich, dass in den kommenden Jahren eine zunehmende technologische Verlagerung im Sport stattfinden wird. Dennoch bleibt die Kernfrage bestehen, wie diese Technologien verantwortungsvoll und gerecht eingesetzt werden können, um den Sport als fairen und ethischen Wettbewerb zu bewahren. Die Zukunft der KI im Sport ist ein Balanceakt zwischen Innovation und Fairness, der den Sport für die nächsten Generationen nachhaltig prägen wird.

Ethik & gesetzliche Rahmenbedingungen

Die rasante Entwicklung von künstlicher Intelligenz (KI) bringt im Sport neue Dimensionen für Training, Leistung und Fan-Erlebnisse. Doch mit den technischen Möglichkeiten, die KI eröffnet, kommen auch ethische Fragen und gesetzliche Herausforderungen auf, die nicht ignoriert werden dürfen. In diesem Kapitel widmen wir uns diesen ethischen Überlegungen und beleuchten die rechtlichen Rahmenbedingungen, die notwendig sind, um den Einsatz von KI im Sport sicher, fair und verantwortungsvoll zu gestalten.

Fairness und ethische Verantwortung im Einsatz von KI im Sport

Im sportlichen Kontext spielt Fairness eine zentrale Rolle. Der Einsatz von KI-gestützten Technologien kann jedoch eine Herausforderung für diesen Grundsatz darstellen. Wenn KI-Systeme genutzt werden, um Trainingsprogramme zu optimieren, Spielstrategien zu verfeinern oder das Verhalten von Fans zu analysieren, stellt sich die Frage, ob diese Methoden den Grundsätzen des fairen Wettbewerbs entsprechen.

Sollte jeder Sportler und jedes Team den gleichen Zugang zu KI-Technologien haben, um gleiche Chancen zu wahren?

Die Transparenz von KI-Systemen ist ein zentraler ethischer Aspekt, besonders im Sport. Bei KI-Anwendungen für Training, Leistungsdiagnostik und Verletzungsprävention handelt es sich oft um sogenannte „Black Box"-Algorithmen, die hochkomplexe Analysen und Vorhersagen treffen, deren Prozesse jedoch für die Nutzer schwer verständlich sind. Diese Intransparenz kann Unsicherheit und Misstrauen erzeugen, da

Trainer und Athleten nicht nachvollziehen können, wie genau das Programme zu bestimmten Empfehlungen oder Entscheidungen gelangt ist. Stellen wir uns ein Szenario vor, in dem ein KI-System einem Athleten rät, sein Training zu intensivieren, basierend auf einer Analyse vergangener Leistungsdaten, oder das System schlägt eine spezifische Übung vor, um seine Technik zu verbessern. Ohne Einblick in die Gründe, die hinter diesen Empfehlungen stehen, besteht die Gefahr, dass sowohl Athleten als auch Trainer Risiken übersehen, die sich aus solchen Empfehlungen ergeben. Transparenz ist daher essenziell, damit Sportler und ihre Trainer fundierte Entscheidungen treffen und potenzielle Risiken besser abschätzen können.

Wie können wir diese Tranzparenz gewährleisten?

Wenn etwa KI-gestützte Systeme bei der Auswahl von Spielern oder bei der Identifizierung talentierter Nachwuchssportler eingesetzt werden, führt Intransparenz zu großen Problemen, insbesondere wenn die Kriterien und Daten, die zu einer Entscheidung führten, unklar bleiben. Ohne Transparenz könnte die KI Spieler bevorzugen oder benachteiligen, ohne dass Trainer die Gründe dafür nachvollziehen oder hinterfragen können. Dies führt im schlimmsten Fall zu einer Ungleichbehandlung oder sogar zu Vorurteilen, etwa wenn historische Daten oder bestimmte algorithmische Verzerrungen unbeabsichtigt in den Auswahlprozess mit einfließen. Die Forderung nach Transparenz umfasst daher auch die Verantwortung der Entwickler und Anbieter von KI-Systemen im Sport. Sie sollten nicht nur verständliche Erklärungen zu den Empfehlungen der KI liefern, sondern auch dafür sorgen, dass die Mechanismen und Datenquellen der Systeme offen und zugänglich sind. Ein transparenter Umgang schafft Vertrauen und gibt den Trainern und Athleten die Möglichkeit, informierte Entscheidungen zu treffen, indem sie die Funktionsweise der KI nachvollziehen können.

Transparenz ist eine wichtige Voraussetzung für Fairness und die ethische Nutzung von KI im Sport: Nur so kann sichergestellt werden, dass KI-Systeme als vertrauenswürdige und verlässliche Hilfsmittel wahrgenommen werden, die das Wissen der Menschen ergänzen und sie nicht überfordern oder bevormunden. Transparente KI-Anwendungen bieten Athleten und Trainern das nötige Verständnis, um die Empfehlungen der KI einzuordnen und im Bedarfsfall auf Grundlage eigener Erfahrung und Intuition gegenzusteuern.

Der Umgang mit Daten und Privatsphäre

Für die Nutzung von KI-Technologien werden immense Datenmengen erhoben und ausgewertet – von physiologischen Daten über Bewegungs- analysen bis hin zu persönlichen Informationen über den Lebensstil der Athleten. Diese Daten sind sehr sensibel, da sie Einblicke in das Leist- ungsvermögen und die Gesundheit von Sportlern bieten. Sie müssen vertraulich behandelt werden. Die Datenerhebung sollte mit der Zu- stimmung der Sportler erfolgen, und sie sollten darüber informiert werden, wofür ihre Daten verwendet werden und wie lange sie gespeichert bleiben. Es geht um den Schutz ihrer Privatsphäre. Die moderne Technologie kann extrem detaillierte Daten liefern, aber was passiert, wenn diese Daten in falsche Hände geraten oder gegen die Interessen der Sportler verwendet werden? In einer Welt, in der Daten zu einer Art Währung geworden sind, besteht immer die Gefahr, dass Informationen zum Nachteil eines Sportlers eingesetzt werden. Datenschutz ist daher von enormer Bedeutung und bedarf klarer gesetzlicher Rahmenbedingungen, um Athleten zu schützen.

Diese Rahmenbedingungen müssen gewährleisten, dass KI-Systeme verantwortungsvoll eingesetzt werden, die Rechte und Privatsphäre der Athleten gewahrt bleiben und die Fairness im Wettkampf nicht untergraben wird. Der rechtliche Rahmen für KI-Technologien im Sport umfasst verschiedene Bereiche, darunter Datenschutz, Rechte am eigenen Bild, Arbeitsrecht und Regularien des Sports selbst.

Ein zentraler Bereich der gesetzlichen Rahmenbedingungen betrifft den Datenschutz. Die Verarbeitung personenbezogener Daten – insbesondere die von Athleten – fällt in vielen Ländern unter Datenschutzgesetze wie die Datenschutz-Grundverordnung (DSGVO) in der EU. Diese Gesetze schreiben vor, dass personenbezogene Daten nur mit Zustimmung der betroffenen Person verarbeitet werden dürfen und dass ein sicherer Umgang mit diesen Daten gewährleistet sein muss. Das Ziel ist, dass Athleten jederzeit wissen, welche Daten von ihnen erfasst werden und wie diese genutzt werden. Zusätzlich legen die Datenschutzgesetze fest, dass Daten nur für den Zweck eingesetzt werden dürfen, für den sie ursprünglich erhoben wurden. Beispielsweise dürfen Daten, die zur Leistungsoptimierung erhoben wurden, nicht ohne Zustimmung für kommerzielle Zwecke oder zur Bewertung der gesundheitlichen Eignung eines Athleten genutzt werden. Für den Sport bedeutet dies, dass Teams und Organisationen sehr genau darauf achten müssen, wie sie mit den Daten ihrer Athleten umgehen, um sich im rechtlichen Rahmen zu bewegen und das Vertrauen der Sportler zu bewahren.

In diesem Zusammenhang geht es dann auch umd die Rechte an den eigenen Daten. Da KI-Analysen auf der Erfassung und Verarbeitung von riesigen Datenmengen basieren, stellt sich die Frage, wem diese Daten gehören und wie die Sportler selbst über ihre Daten verfügen können. In der EU ist dieses Recht durch die DSGVO geschützt, die es den Athleten ermöglicht, Einsicht in ihre Daten zu erhalten und ihre Löschung zu verlangen, wenn diese nicht mehr benötigt werden.

Auch das Persönlichkeitsrecht spielt eine große Rolle. Es schützt nicht nur das Bild und den Namen einer Person, sondern auch ihre geistigen und körperlichen Leistungen. Im Sport können die Persönlichkeitsrechte eines Athleten verletzt werden, wenn Technologien zur Analyse und Vermarktung der individuellen Fähigkeiten genutzt werden, ohne dass der Sportler selbst in diese Verwendung eingewilligt hat. Dieses Recht stellt sicher, dass Sportler über die Nutzung ihrer körperlichen und geistigen Leistungen in digitaler Form entscheiden können und nicht gegen ihren Willen vermarktet werden.

Für viele Sportler ist der Sport ihre berufliche Tätigkeit. Daher unterliegen sie arbeitsrechtlichen Regelungen, die auch den Einsatz von KI am Arbeitsplatz betreffen. In der Sportbranche sind Athleten besonders von diesen Regelungen betroffen, wenn KI zur Überwachung ihrer Leistung eingesetzt wird. Das Arbeitsrecht sieht vor, dass Arbeitnehmer in der Regel das Recht auf Privatheit und den Schutz ihrer Daten haben. Es stellt sich die Frage, ob und wie Sportteams Technologien einsetzen dürfen, die die Leistung und Gesundheit ihrer Athleten überwachen. Eine kritische Frage ist, ob Trainer oder Vereinsärzte befugt sind, auf persönliche Daten der Sportler zuzugreifen, die möglicherweise gesundheitliche Risiken aufzeigen könnten. Wenn beispielsweise eine KI-Analyse zeigt, dass ein Athlet ein erhöhtes Risiko für Verletzungen hat, könnte dies zu Arbeitsausfällen und möglicherweise zu einem Karriereende führen. Auch die Frage der Verantwortung stellt sich hier: Ist der Arbeitgeber verpflichtet, die KI-gestützte Überwachung zur Reduzierung von Verletzungen und Gesundheitsrisiken einzusetzen, und wer haftet, wenn die KI eine Verletzung oder Überlastung nicht korrekt vorhergesagt hat?

Neben arbeits- und datenschutzrechtlichen Fragestellungen ist auch der sportliche Rahmen selbst ein wichtiger Punkt. Internationale Sportverbände und nationale Sportorganisationen müssen Regeln und Regularien entwickeln, die den Einsatz von KI im Sport reglementieren, um Chancengleichheit zu gewährleisten. Diese Regeln sollen sicherstellen, dass alle Athleten einen fairen Zugang zu Wettkämpfen haben und nicht benachteiligt sind, weil sie nicht über dieselbe Technologie verfügen.

In einigen Sportarten wurden bereits Regeln eingeführt, um den technologischen Einfluss auf den Sport einzuschränken. Ein bekanntes Beispiel ist der Verbot von Hightech-Schwimmanzügen, die vor einigen Jahren im Schwimmen zu extremen Leistungsvorteilen geführt hatten. Ähnliche Regeln könnten auch für den Einsatz von KI im Sport entwickelt werden, um gleiche Bedingungen zu schaffen und technologische Vorteile zu regulieren.

Da der Sport von internationaler Natur ist, ist eine globale Zusammenarbeit bei der Regulierung von KI-Technologien im Sport unerlässlich. Internationale Standards, die sich auf ethische und rechtliche Fragen der KI-Nutzung im Sport konzentrieren, müssen einheitliche Rahmenbedingungen schaffen und so das Vertrauen der Athleten und der Öffentlichkeit stärken. Sportverbände, die auf globaler Ebene agieren, wie das Internationale Olympische Komitee, könnten eine Vorreiterrolle einnehmen und weltweit anwendbare Richtlinien entwickeln.

KI im Sport bietet enorme Chancen, bringt jedoch auch eine große Verantwortung mit sich. Die ethischen und gesetzlichen Rahmenbedingungen müssen sicherstellen, dass der Einsatz dieser Technologien fair und verantwortungsvoll geschieht und die Rechte der Athleten gewahrt bleiben. Um eine Balance zwischen technologischer Innovation und ethischen Grundsätzen zu bewhren, müssen klare Regeln und Standards entwickelt werden, die sowohl die sportliche Fairness als auch die Privatsphäre und Autonomie der Athleten schützen. Die Zukunft des Sports liegt in einer verantwortungsvollen Gestaltung und einer gemeinsamen Anstrengung von Gesetzgebern, Sportorganisationen und den Athleten selbst.

Grenzen der KI -eine kritische Reflexion

Ein abschließendes Kapitel über die Grenzen der KI im Sport ist essenziell, um die aufkommenden Herausforderungen und möglichen Nachteile eines zunehmend technologiegetriebenen Umfelds zu beleuchten. Auch wenn KI das Potenzial hat, sportliche Leistung auf vielen Ebenen zu verbessern, stellt sich die Frage:

Wie weit darf und sollte diese Technologie gehen?

Wo liegen die Grenzen, und was geschieht mit dem eigentlichen Wesen des Sports, wenn sich Athleten, Trainer und Vereine zunehmend auf KI verlassen?

Die Integration von KI im Sport eröffnet vielfältige Möglichkeiten, von der Optimierung der Trainingssteuerung über präzise Leistungsanalysen bis hin zur Verbesserung von Spielstrategien und Taktiken. Doch mit dieser Integration geht auch eine zunehmende Abhängigkeit von Technologie einher. Diese Abhängigkeit birgt Risiken, insbesondere für die Autonomie von Athlet und Trainer. Wenn sich die Entscheidungskompetenz auf ein System verlagert, das primär auf Algorithmen und Daten basiert, könnte dies das Selbstvertrauen sowie die Entscheidungskompetenz und -freiheit von Sportlern und Trainern untergraben.

Körpergefühl, Intuition & Selbstwahrnehmung

Im Training zeigt sich bereits heute, dass viele Athleten weniger auf ihr eigenes Körpergefühl vertrauen und sich stärker an den Vorgaben von KI-gestützten Systemen orientieren. Dies beeinflusst dann sowohl die Selbstwahrnehmung als auch deren Entscheidungskompetenz –sie verlassen sich weniger auf ihre eigenen Empfindungen und zunehmend auf die Ergebnisse und Analysen der Technologie. Diese Verschiebung birgt die Gefahr, dass Athleten und Trainer von den technologischen Empfehlungen abhängig werden und dadurch weniger eigenständige Entscheidungen treffen. Die Grenze zwischen sinnvoller Unterstützung und Übertechnisierung ist fließend und schwer zu definieren. Ein entscheidender Punkt ist, dass der Sport an Authentizität und Leidenschaft verliert, wenn der Mensch zunehmend durch Technologie ersetzt wird. KI kann Datenanalysen durchführen, Muster erkennen und Trends identifizieren, aber sie kann die spontane Kreativität und Intuition eines Athleten oder Trainers nicht vollständig reproduzieren. Im Leistungssport, der oft von unvorhersehbaren und emotionalen Momenten geprägt ist, bleibt die menschliche Intuition ein unverzichtbares Element.

Ein Zuviel an Technik kann den Sport steriler und weniger emotional wirken lassen. Wenn jeder Schritt eines Athleten analysiert, jeder Spielzug berechnet und jede Taktik durch Algorithmen optimiert wird, droht der Sport an Unmittelbarkeit und Menschlichkeit zu verlieren. Die Gefahr der Übertechnisierung ist daher nicht nur eine Frage der Effizienz, sondern betrifft das Wesen des Sports selbst. Ein sportliches Event lebt von Überraschungen, vom Unberechenbaren und von der menschlichen Interaktion. Die zunehmende Technologisierung im Sport könnte dazu führen, dass diese ursprünglichen Werte des Sports an Bedeutung verlieren. In einer Welt, die immer stärker auf Daten setzt, stellt sich die Frage: Wo bleibt der Wert der Emotionen und Erfahrungen? Besonders im Sport, wo oft sekundenschnelle Entscheidungen getroffen werden müssen, sind Erfahrung und Intuition entscheidende Faktoren. Ein erfahrener Trainer oder Athlet kann in vielen Fällen intuitiv Entscheidungen treffen, die sich im Nachhinein als die richtigen erweisen – und das, ohne einen Algorithmus befragt zu haben. Intuition ist das Ergebnis von jahrelangem Training, Erfahrung und der Fähigkeit, aus dem Moment heraus zu handeln. Ein erfahrener Trainer weiß oft, wie ein Spielverlauf zu deuten ist, auch ohne konkrete Datenanalyse. Ein Athlet spürt, wann es an der Zeit ist, sein Tempo zu steigern oder zu verlangsamen. Diese Fähigkeit der spontanen Entscheidung darf nicht unterschätzt werden, da sie auf einem tiefen Verständnis für das Spiel, den Gegner und die eigene Leistungsfähigkeit beruht. KI hingegen arbeitet primär datengetrieben und objektiv. Sie kann zwar Muster erkennen und Empfehlungen aussprechen, aber sie ist nicht in der Lage, emotionale oder zwischenmenschliche Aspekte zu berücksichtigen, die für die Entscheidungsfindung im Sport von großer Bedeutung sein können. KI wird also immer begrenzt sein in ihrem Vermögen, den Kontext, die Emotionen und die Intuition eines Menschen vollumfänglich zu verstehen und zu berücksichtigen. Die Technik sollte als Ergänzung der Trainer und Sportler betrachtet werden – ein Hilfsmittel, das in manchen Bereichen den Blickwinkel erweitert, aber die menschliche Entscheidungskompetenz nicht ersetzen sollte.

Wann ist genug Technik im Sport?

Der Einsatz von KI im Sport kann äußerst hilfreich sein, aber es ist wichtig, ein gesundes Maß zu finden, um eine Balance zwischen Technik und menschlicher Entscheidungsfreiheit zu wahren. Die Frage, wo dieses Maß liegt, lässt sich nicht eindeutig beantworten, da es stark vom Kontext und den individuellen Präferenzen abhängt. Dennoch gibt es einige Leitlinien, die dabei helfen können, ein ausgewogenes Verhältnis zu finden. Ein gesunder Einsatz von Technologie könnte darin bestehen, dass KI als Unterstützung und Analyseinstrument eingesetzt wird, während die endgültigen Entscheidungen von Menschen getroffen werden. Dies bedeutet, dass eine KI-gestützte Leistungsanalyse Empfehlungen ausspricht, die dann von Trainern und Athleten gemeinsam interpretiert und in den Kontext des aktuellen Trainingsziels gesetzt werden. KI kann Daten liefern und Muster aufzeigen, aber die Interpretation und

Anwendung dieser Daten sollte letztlich dem Trainerteam überlassen bleiben.

Ein weiteres Maß für gesunden Technologieeinsatz ist die Sicherstellung, dass Sportler die Kontrolle über ihre Daten und den Einsatz von KI im Training behalten. Athleten sollen nicht nur passiv die Entscheidungen von KI-Systemen befolgen, sondern in den Entscheidungsprozess einbezogen werden und ein Mitspracherecht haben, wie die Daten analysiert und angewendet werden. So bleibt die Autonomie der Sportler gewahrt und sie können ihre persönliche Entwicklung und Leistung aktiv gestalten.

Chancengleichheit und Fairness im Sport

Ein wichtiger Punkt, der im Zusammenhang mit der Grenze der Technologie im Sport häufig diskutiert wird, ist die Frage der Chancengleichheit. KI-gestützte Anwendungen und technologische Fortschritte sind in der Regel kostenintensiv und oft nur denjenigen Teams und Sportlern zugänglich, die über entsprechende finanzielle Mittel verfügen. Dies führt zu einer Kluft zwischen Athleten und Teams, die Zugang zu modernster Technologie haben, und solchen, die ohne technologische Unterstützung trainieren und antreten müssen. Die Frage der Fairness im Sport ist damit eng verbunden mit der Verfügbarkeit von KI und den damit verbundenen Ressourcen.

Ein gesunder Umgang mit KI im Sport erfordert daher auch eine kritische Auseinandersetzung mit der Frage, inwiefern der Zugang zu Technologie und Datenanalyse standardisiert werden kann, um gleiche Bedingungen für alle Athleten zu schaffen. Regelungen und Richtlinien legen fest, welche technologischen Hilfsmittel in welchem Maße zulässig sind, um den Sport nicht nur leistungsorientiert, sondern auch fair zu gestalten. Wettkampfregelungen, die den Zugang zu Technik und KI regulieren, tragen dazu bei, dass die Balance zwischen technologischem Fortschritt und sportlicher Fairness gewahrt bleibt.

Die Balance zwischen Fortschritt und Menschlichkeit

Eine kritische Reflexion über den Einsatz von KI im Sport zeigt, dass die Technologie zwar ein großes Potenzial für Leistungsoptimierung, Effizienz und Präzision bietet, aber auch die Gefahr birgt, die menschlichen Aspekte des Sports zu verdrängen. Die zunehmende Abhängigkeit von KI könnte dazu führen, dass Sportler und Trainer ihre Intuition und Entscheidungsfreiheit aufgeben und stattdessen den Algorithmen folgen. Dies beeinträchtigt dann nicht nur die Autonomie und Authentizität des Sports, sondern auch die Begeisterung und Leidenschaft, die den Sport so einzigartig machen.

KI im Sport sollte als Unterstützung, nicht als Ersatz verstanden werden. Der technologische Fortschritt bringt unbestreitbare Vorteile mit sich, doch die ultimative Entscheidungsgewalt sollte immer beim Menschen liegen. Eine gesunde Balance zwischen Technik und Menschlichkeit bedeutet, dass KI die Rolle des menschlichen Trainers und Athleten ergänzt, ihnen jedoch nicht die Autonomie und den eigenen Gestaltungsraum nimmt. Die Zukunft des Sports hängt davon ab, dass diese Balance gewahrt bleibt und die Technologie verantwortungsbewusst und im Sinne der sportlichen Werte eingesetzt wird. Es erfordert einen bewussten und kritischen Umgang mit den Technologien und eine kontinuierliche Überprüfung der Auswirkungen auf Fairness, Chancengleichheit und das Verhältnis zwischen Technik und Menschlichkeit.

Die KI wird den Sport und seine Grenzen weiterhin herausfordern, aber sie wird auch neue Perspektiven eröffnen und dabei helfen, das Potenzial des menschlichen Körpers und Geistes zu entdecken – jedoch nur dann, wenn wir bereit sind, Verantwortung für die technologischen Fortschritte zu übernehmen und deren Auswirkungen auf den Sport stets kritisch zu hinterfragen.